KB210130

직장은 싫지만 퇴사는 무서운 당신에게

직장은 싫지만 퇴사는 무서운 당신에게

퇴근후 N잡으로 월급 이상 버는 사람들 이야기

긍정필터

최행부

떵이자까

로하우

지음

TITAN BOOKS

① 긍정필터

Intro. "긍정필터"는 누구?

② 최행부

Intro. "최행부"는 누구?

③ 떵이자까

④ 로하우

1
긍정필터

Intro.

"긍정필터"는 누구?

"퇴근 후 인스타 하나로 월급 이상 버는 긍정필터입니다"

긍정필터는 내 인스타그램 활동명이다. 현재 2개의 계정을 운영하며, 9.9만 팔로워를 보유하고 있다. 팔로워 숫자만 보면 '원래 인스타 좀 했던 사람'처럼 보이겠지만 나는 정확히 '그 반대'였다.

긍정필터 | 인스타그램 브랜딩 커뮤니티		
219	**3.1만**	**394**
게시물	팔로워	팔로잉

릴타강사 긍정필터 | 인스타그램 릴스 기획자		
131	**6.8만**	**1**
게시물	팔로워	팔로잉

"나름 MZ 끝자락의 30대 직장인이지만 인스타 어플 하나 없었는걸요"

2022년 8월에 인스타를 처음 시작했다. 그전에는 인스타 어플 하나 내 폰에 없었다. 인스타그램은 소위 자랑질(?)하는 플랫폼 그 이상 그 이하도 아니라고 생각했기 때문에 전혀 관심이 없었다. 하지만 인스타그램으로 돈을 벌 수 있다는 얘기를 듣고 나는 180도 달라졌다. 영상 콘텐츠 제작 경험 1도 없던 내가 릴스를 만들어 올리기 시작했고, '긍정필터'라는 닉네임으로 브랜딩을 구축해나갔다.

결과는 어땠을까? '월 100만 원만 더 벌었으면 좋겠다.'라는 꿈으로 시작했던 내 인스타 도전기는 상상을 초월하는 결과를 만들어냈다. 월 100만 원의 꿈은 임원 연봉급으로 크게 성장했고, 대학교 등 곳곳에서 인스타그램 수익화를 주제로 강연해 달라는 제안이 들어왔다. 내가 한 것이라곤 퇴근 후 인스타그램 퍼스널 브랜딩에 집중했을 뿐인데 말이다.

인스타그램이라는 플랫폼을 업신(?)여겼던 인알못 30대 직장인이었던 내가 어떻게 2년 동안 폭풍 성장했는지 그 전략을 남김없이 공유하려고 한다. 어떻게 팔로워를 0명에서 9.9만까지 모았는지, 평범한 직장인이 어떤 방식으로 브랜딩하고, 결과적으로 월급의 몇 배를 뛰어넘는 수익을 이뤄냈는지, 시간 순서대로 구체적으로 하나씩 모두 풀어볼 예정이다.

혹시 지금 이 글을 읽는 독자님이 나처럼 N잡, 부수입에 간절한 상황이라면, 반드시 Part 1에서 Part 3를 순서대로 읽어 보고 꼭 인스타 수익화에 도전해 보길 응원한다. 특히, 온라인 수익화에 대해 처음 접하는 사람일수록 인스타를 시작해 보길 강력 추천한다. 인스타그램만큼 쉽고, 빠르게 수익을 이룰 수 있는 SNS 플랫폼은 없기 때문이다. '온라인 할머니'였던 내가 이렇게 초단기간에 수익화에 성공한 것이 바로 그 증거다.

Part 1

30대 '인알못' 직장인이
인스타 시작한 이유

'30대 평범 이하 직장인' 그 잡채

'문송합니다'

"문과라서 죄송합니다", 문과 출신들이 취업 시장에서 겪는 어려움과 좌절감을 자조적으로 표현한 신조어다. 당시 문과 출신이었던 나 역시 취업 문턱이 꽤 높았다.

'문과생 / 나이 27살 / 경력 無'

문송한데다가 취업하기에 적지 않은 27살이라는 나이에 직무 경력도 없었다. 불리한 조건은 정말 다 갖췄었다. 이런 내세울 것 없는 조건들을 안고 매일같이 자기소개서를 쓰고, 면접을 보고, 그렇게 어렵사리 첫 직장에 합격하게 됐을 때, 그 기쁨은 이루 말할 수 없었다.

'어렵게 입사한 만큼, 임원까지 해보자!'

입사 초기, 나는 그야말로 열정 그 자체였다. 늦게 입사한 만큼 빠르게 일을 많이 배우고 싶었다. 야근과 주말 당직 근무는 당연했고, 상사가 당직할 때도 따라다니며 배울 정도였다. 다른 신입사원들이 퇴근 후 취미 생활을 즐길 때, 나는 회사에서 팀원들과 저녁을 먹으며 다음날 있을 회의 자료를 정리했었다. 이런 노력과 과정이 쌓이고 쌓여서 언젠가는 긍정적인 결과로 돌아올 거라고 믿었다.

그 환상은 6개월도 채 지나지 않아 깨졌다. 서서히 내가 처한 현실이 눈에 들어오기 시작한 것이다. 상사들은 임원의 눈치를 보며 매일같이 자발적으로 퇴근 시간을 늦추고는 틈만 나면 "이번 주 로또만 되면 당장 퇴사한다"라는 말을 입버릇처럼 했다. 처음엔 그저 농담이라고 생각했지만, 시간이 지날수록 그 말이 단순한 농담이 아니라는 것을 깨달았다.

"저게 내 미래일까?"

이 질문이 머릿속에 스치는 순간, 내 마음은 두려움으로 가득 찼다. 몇 년 후 내 모습이 지금 상사들의 모습을 그대로 닮았을지도 모른다는 생각이 들었기 때문이다. 매일 반복되는 업무와 끝없는 눈치 싸움. 처음엔 설렘을 안겨주었던 사원증이 어느새 목을 조이는 올가미처럼 느껴졌다.

직장에서 꾸준히 경력을 쌓아 임원까지 올라가겠다는 목표는 더는 매력적으로 느껴지지 않았다. 대신, 회사 밖에서 내 길을 찾고 싶다는 새로운 열망이 솟아올랐다. 안정적인 월급을 포기할 수는 없었지만, 그것만으로는 내 삶이 온전히 채워지지 않는다는 사실을 깨달았다.

그때부터 나는 '회사에 출근하지 않고도 돈을 벌 방법이 없을까?'라는, 이전에는 한 번도 해보지 않았던 생각을 하기 시작했다. '요즘처럼 투잡, 쓰리잡이 흔한 시대에 왜 그런 생각을 한 번도 안 해봤나?'라고 물을 수 있겠지만 정말 한 번도 해본 적이 없었다. 나는 사회가 짜 놓은 시나리오대로만 움직여왔던 지극히 평범한 사람이었기 때문이다.

그저 사회에서 규정한 대로 '대학 나와서 취업 준비하고 회사 다니는 것'이 당연한 인생 루트라고 믿고 살던 사람이었다. 100억 원대 부자가 되고 싶다거나 돈을 엄청 많이 벌고 싶단 욕망도 없었다. 어떻게 보면 정말 철저하게 평범한 아니 평범 이하의 사고를 했던 '평범한 직장인'이었다.

인생을 너무 평범한 루트만 따라 살아서일까? 회사 외에는 수익을 낼 방법을 전혀 몰랐다. 대학생 때 잠깐 했던 과외 아르바이트 말고는 떠오르는 게 없었다. 창업은 애초에 꿈도 꾸지 못했다. 대단한 사람들만 할 수 있는 일이라고 생각해 엄두조차 내지 못했던 것이다.

- 책을 많이 읽으면 되나?
- 창업을 해야 하나? (창업은 사실 엄두도 안 났다..)
- 경제 신문을 구독해서 경제 공부하면 되려나?
- 친구들처럼 자격증 공부할까?
- 대학원에 진학해서 스펙을 올려야 하나?

당시 나는 수익화 방안을 고민하며 여러 가지 선택지를 떠올렸다. 그러나 저것이 지극히 평범했던 나의 한계였다. 이미 '지식 창업(자신이 보유한 전문 지식이나 경험, 정보를 바탕으로 이를 상품화하거나 서비스로 만들어 수익을 창출하는 창업 형태)'이라는 키워드가 직장인들 사이에서 한 차례 유행을 지나간 시점이었지만, 나는 그 사실조차 알지 못했다. 지금에 와서야 그때의 상황을 이해하게 되었다. 내가 어떤 신념을 가졌는지, 어떤 경험을 쌓아왔는지에 따라 정보의 격차가 이렇게 크게 벌어진다는 사실을 그제야 깨달았다.

'회사 출근 안 하고 돈은 벌고 싶다'

이런 생각은 자꾸 드는데, 결론적으로 뭘 해야 할지 고민만 하고 시간만 흘러갔다. 돌이켜보면 회사 출근 안 하고 돈을 벌고 싶다는 간절함이 크지 않았던 것 같다. 회사 생활에 어느 정도 적응되었기 때문에 다른 방도를 그렇게 필사적으로 찾지 않았었다.

하지만 환경이 바뀌면 사람도 바뀐다고 했던가! 내 주위 환경이 180도 달라지니 나도 180도 달라졌다. 집안 형편이 원래도 넉넉하지는 않았지만, 내가 30대 초반이 되면서 상황은 급격히 악화되었다. 더구나 빚이라고는 전혀 없던 나에게 약 3,000만 원의 빚이 생기면서 상황은 더욱 심각해졌다. 예상치 못한 상황이 닥치자 처음에는 멘붕이 왔다. 그제야 돈의 무서움을 실감하게 되었고, 돈이 인생에서 얼마나 중요한지 뼈저리게 깨닫게 되었다.

'이제 진짜 월급만으로는 안되는 상황이 와 버렸다..'

이런 생각을 매일같이 하다 보니 수익화에 대해 절실함이 점점 커졌고, 결국 행동으로 이어졌다. 나름대로 수익화를 위한 조건도 생겼다. 빚이 있었기에 투자금이 거의 들지 않거나 소자본으로 가능한 부업을 중심으로 찾아보게 되었다. 그러다 보니 자연스럽게 온라인 수익화에 초점이 맞춰졌다. 당시 내가 바로 시작할 수 있었던 온라인 수익화 플랫폼은 네이버와 인스타그램이었다. 이때 각 플랫폼에 대해 내가 느꼈던 생각은 다음과 같다.

'요즘 누가 블로그 하나?'
'인스타는 관종들만 하는 거 아닌가?'

사실, 예전의 나처럼 이렇게 생각하는 사람들이 있기에 온라인 수익화는 여전히 가능하고, 앞으로도 무한한 가능성을 지닌 분야라고 믿는다. 한때 이런 편협한 생각을 하고 있었던, 평범하다 못해 평범 이하였던 30대 직장인이 어떻게 인스타그램을 시작해 수익화를 이루었는지, 그 과정을 하나씩 풀어보려 한다.

30대지만 인스타 어플 하나 없는걸요?

직장 다닐 때, SNS 하면 가장 먼저 떠오르는 명언(?) 하나가 있었다.

"SNS는 시간 낭비다"

나는 이 말을 신념처럼 믿으며 살았다. '가상 공간이 아닌 현실에 충실하자'라는 생각으로 열심히 직장 생활에 매진했다. 제대로 된 삶을 사는 사람들은 모두 오프라인에서 성실히 일하는 사람들이라고 여겼기 때문이다. (하지만 온라인 사업을 병행하고 있는 지금의 나는 이 생각에 전혀 동의할 수 없다) 그래서 그 시절 내 핸드폰에는 인스타그램 어플조차 없었다. 오히려 인스타그램을 하지 않는 것이 성실한 삶의 증거처럼 느껴지는, 이상한 자부심마저 가지고 있었다.

하지만 자부심이고 뭐고 돈을 벌어야 했기에, 2022년 8월 결국 내 폰에 인스타그램을 설치했다. 인스타에 대해 '인'조차 몰랐던 '인알못' 직장인이 인스타그램을 시작하고 곧바로 폭풍 성장을 했을까? 그랬다면 정말 좋았겠지만, 현실은 그런 꿈 같은 일이 벌어지지 않았다. 당장 이런 고민부터 시작됐다.

'인스타에 뭐 올리지?'

인스타그램을 키워보려 했던 사람이라면 누구나 한 번쯤 해봤을 고민일 것이다. 나 또한 그랬다. 더군다나 나는 원래 인스타는커녕 온라인에 콘텐츠를 올려본 적조차 없는 사람이었기에, '콘텐츠 업로드'라는 일이 너무나도 높은 장벽처럼 느껴졌다.

'남들이 내 콘텐츠 보고 뭐 이런 걸 올렸냐고 하면 어떡하지?'

이런 생각부터 들었다. 결론부터 말하자면, 생각보다 사람들은 내 콘텐츠나 계정에 큰 관심이 없다. 기대치가 없다는 뜻이다. 사실, 내 계정에 가장 관심이 많은 사람은 바로 나 자신이다. 하지만 우리는 남들도 나와 같은 수준으로 관심을 가질 것이라고 착각하곤 한다. 이는 완전히 오산이다. 그러니 마음 편하게 올려도 괜찮다. 그리고 만약 마음에 들지 않으면 그냥 '보관' 처리하면 그만이다.

Tip

콘텐츠 삭제 대신 보관하는 이유

가끔 예전에 올린 콘텐츠가 맘에 안 든다고 다량의 콘텐츠를 삭제하는 경우도 있는데 비추한다. 인스타그램은 사용자가 올린 콘텐츠를 기반으로 사람들을 끌어모아 광고로 수익을 창출하는 플랫폼이다. 따라서 콘텐츠를 다량으로 삭제하면 인스타그램 입장에서 별로 달갑지 않을 수 있다. 계정에 좋지 않은 영향을 줄 수 있어서 반드시 콘텐츠는 '보관'으로 처리하는 걸 추천한다.

인스타를 시작할 때, 자의식을 내려놓으면 훨씬 빠르게 성장할 수 있다. 나 역시 처음에는 남들의 시선이 두려웠지만, '남들은 생각보다 정말 나에 대해 관심이 없다'라는 걸 깨닫고 나니 인스타 콘텐츠 업로드가 훨씬 쉬워졌다.

인스타그램을 개인 계정이 아닌 비즈니스 목적으로 키운다면, 수익화를 위해 가장 먼저 계정을 '브랜딩'해야 한다. 브랜딩에 필요한 다양한 요소는 다음 장에서 다룰 예정이지만, 여기서는 가장 기본적이면서도 핵심적인 부분을 먼저 소개하려고 한다. 바로 '닉네임'이다.

인스타를 하다 보면 본명을 닉네임으로 사용하는 경우도 종종 보이는데, 변호사나 의사처럼 전문직 종사자는 신뢰를 위해 본명을 쓰기도 한다. 하지만 대부분의 사람은 전문직이 아닌 퍼스널 브랜딩을 목표로 시작하는 경우가 많으므로, 별도의 닉네임을 만들어 사용하는 것을 추천한다.

닉네임의 글자 수는 2글자에서 최대 5글자 이내로 짓는 것이 좋다. 사람들이 인식하고 기억하기 쉽기 때문이다. 또한 그 계정에 관련된 단어로 정하는 것이 좋다. 나는 인스타그램 초기 계정 주제가 '동기 부여/자기 계발' 쪽이었기 때문에 동기 부여 중에서도 긍정 마인드를 끌어올리는 컨셉으로 가져갔다. 그래서 닉네임에도 '긍정'이라는 단어를 넣었고, '긍정적인 것만 필터링해서 보여준다'라는 의미의 '긍정필터'로 닉네임을 짓게 되었다. 예전에는 진짜 머리를 쥐어 짜내서 이렇게 조합했지만, 요즘은 챗지피티나 클로드 같은 AI 사이트를 활용하면 내가 미처 생각지 못한 닉네임 아이디어를 얻을 수 있다.

> **Tip**
>
> **닉네임 만드는 챗지피티 프롬프트**
>
> 챗지피티에게 아래와 같은 프롬프트로 입력해 보자.
> #아래 조건을 바탕으로 인스타그램 닉네임 5가지 추천
> - 닉네임 글자는 2~5글자 이내
> - 내 계정 주제: ~~~(이 부분만 여러분의 것으로 작성하세요)

인스타그램을 처음 시작하면, 가장 먼저 계정을 만들어야 한다. 한 아이디 당 최대 5개까지 계정을 개설할 수 있는데, 이걸 어떻게 아냐고? 바로 내가 직접 해봤기 때문이다. 그런데 왜 5개나 만들었을까? 이와 관련된 닉네임 에피소드가 있다.

인스타그램에서 닉네임을 설정하려면, 가입 후 [프로필 편집]에 들어가 [이름]란에 닉네임을 작성해야 한다. 그런데 여기서 한 가지 주의해야 할 점이 있다. 바로 14일 이내에 이름을 변경할 수 있는 횟수가 최대 2회라는 것이다.

나는 이 사실을 모르고 막 바꿨다가 2주를 기다려야 한다고 해서, 또 새로운 계정을 파고 닉네임을 바꿨다가, 다시 마음이 바뀌어서 또 변경하는 일을 10번을 했다. 그래서 계정을 5개나 파게 되었는데 여러분은 절대 이런 수고로움을 할 필요가 없다. 다시 말해, 이름을 신중히 정해서 적용만 하면 깔끔하게 한 계정으로 시작할 수 있다.

@영어 아이디로 표기되는 [사용자 이름]도 댓글을 달 때, 해당 아이디로 달리기 때문에 우리가 설정한 닉네임과 비슷한 결로 정해야 사람들에게 각인되기 쉽다. 예를 들어, 육아 계정에서 [윤아맘]이라는 닉네임을 정했다고 하면, 아이디에도 [@yoona_mom]처럼 바로 닉네임이 연상될 수 있는 아이디로 설정하면 좋다. [사용자 이름] 또한 이름과 마찬가지로 14일 이내라는 기한이 있어서 이 2가지는 사전에 잘 결정해서 수정하는 일이 없도록 한 번에 세팅하는 걸 추천한다.

이렇게 이름부터 좌충우돌했던 나는 처음에 건강/다이어트 계정을 운영하며, 15일 만에 팔로워 수 1,000명을 달성했다. 당시에는 릴스가 없었고, 순전히 사진 게시물 업로드와 매일 150명씩 맞팔로우를 통해 성장을 이끌었다. 그때는 이런 방식으로 빠르게 계정을 키울 수 있었지만, 지금은 굳이 이렇게까지 맞팔에 연연하지 않아도 된다. 요즘은 간단한 알고리즘 세팅과 릴스 콘텐츠 하나만 잘 만들어도 1,000명에서 1만 명의 팔로워를 폭발적으로 유입시킬 수 있기 때문이다. 알고리즘 세팅과 릴스 콘텐츠력으로 더 단단하게 계정을 키울 수 있다. 이에 대한 자세한 내용은 Part 2에서 다룬다.

'인알못'이 인스타로 돈 벌기로 결심한 이유

요즘 인터넷에서 "N잡"이라는 단어를 검색하면 무수히 많은 성공 사례와 팁들이 쏟아진다. "직장 밖에서도 돈을 벌 수 있다"는 개념은 더 이상 낯선 이야기가 아니다. 그래서 많은 직장인이 퇴근 후 부수입을 벌기 위해 부업을 찾는다. 배민 배달, 편의점 아르바이트부터 자격증 공부 등 다양하다. 주변에서도 배달의민족 어플을 설치해 배달하는 지인들을 쉽게 볼 수 있고, 자격증은 이제 옛말이라는 인식이 있지만, 당장 부수입을 만들고 싶어 하는 이들에게 자격증 학원 시장은 여전히 핫하다.

혹시 이 책을 읽는 독자님도 직장 밖 부수입을 월 50만 원이든, 월급만큼 혹은 월급 그 이상을 벌고 싶다면 나는 주저 없이 온라인 수익화부터 시작하라고 말하고 싶다. 온라인 수익화도 정말 다양하다. 블로그부터 유튜브, 네이버 스마트 스토어, 구매 대행 등 선택지는 정말 많다.

그렇다면, 나는 왜 여러 선택지 중에서 인스타그램을 선택했을까? 사실 처음부터 그 답이 명확했던 것은 아니다. 다양한 플랫폼과 방법들을 고민해 보았지만, 내가 직장 외 수입원으로 "인스타그램"을 선택한 이유는 다음 세 가지 기준 때문이었다.

그리고 2년 전, '인스타를 시작해야겠다'라는 한 번의 다짐은 내 생애 처음으로 떠안았던 빚을 갚을 수 있게 해주었고, 상상도 못 했던 월 1,000만 원 이상의 현금 흐름을 만들어주는 최고의 선택이 되었다.

1. 0원으로 시작할 수 있다

수익을 창출하려면 대부분 초기 투자금이 필요하다. 예를 들어, 프랜차이즈를 시작하려면 기본 몇천만 원에서 몇억 원의 가맹비가 필요하다. 심지어 소자본 창업이라고 홍보하는 방식조차도 예상치 못한 비용이 들기 마련이다. 장비, 공간 임대료, 초기 마케팅 비용 등 눈에 보이지 않는 지출이 쌓이면 부담은 더 커진다.

　재정 상태가 마이너스였던 나에게 이런 투자 비용은 사치였다. 그래서 부수입을 얻으려면 최소한의 자본이 드는 방식을 찾아야 했다. 그게 바로 인스타그램이었다. 일반적인 부업에 비해 인스타그램은 완전히 무자본으로 시작할 수 있다. 계정을 만드는 것부터 콘텐츠를 올리는 것까지 모두 100% 무료다. 별다른 장비를 구입할 필요도 없다. 폰 하나만 있으면 된다. 그리고 콘텐츠도 내가 가진 자원을 활용해서 얼마든지 무한대로 만들 수 있다.

　무자본으로 시작할 수 있다는 장점은 단순히 '돈 안 내고 공짜로 할 수 있다'는 것만은 아니다. 실패에 대한 부담도 덜하다. 무엇을 시작하든 비용을 치러야 하는데, 인스타를 키울 때도 물론 비용이 들어간다. 여기서 말하는 비용은 '돈'이 아닌 '시간'이다. 하지만 시간도 회사에서 근무하는 것처럼 많이 할애하지 않아도 된다. 최소 2시간! 내가 퇴근하고 누워서 유튜브 보며 버리는 그 1~2시간을 인스타에 투자하면 된다. 대신 꾸준해야 한다. 꾸준하게 3개월 운영해 보면 돈을 들이지 않고도 내가 직접 만든 콘텐츠만으로 팔로워가 모인다. 그리고 협찬부터 광고, 무형/유형의 상품 판매까지 뻗어갈 수 있다.

　부수입을 만들고는 싶은데 따로 초기 자본금까지 만들 여력이 없는 사람들을 만나면 나는 주저 없이 인스타를 추천한다. 정말 0원으로 시작할 수 있고, 이미 인스타그램 어플을 사용하고 있는 사람들이 많다 보니 다른 온라인 플랫폼에 비해 진입 장벽도 낮아서 시작하기 쉽기 때문이다. 초기 자본 없이 시작할 수 있는 플랫폼 중에서, 하루 2~3시간 정도 투자로 인스타그램만큼 다양한 수익화를 실현할 수 있는 곳은 없다.

2. 국내 사용량 1위 SNS 어플, 인스타그램

아무리 무자본으로 시작할 수 있는 플랫폼이라 해도, 사용자가 없다면 의미가 없다. 온라인 수익화의 핵심은 사람들과 '연결'되어야 한다는 것이다. 온라인 수익화에서 의미하는 '연결'은 블로그는 '이웃 수', 유튜브는 '구독자 수', 인스타에서는 '팔로워 수'다. 내가 시간을 투자해 만든 소중한 콘텐츠를 최대한 많은 사람이 봐야 한다. 그런데 유저가 얼마 없는 플랫폼에 올리면 아무리 콘텐츠를 잘 뽑았다고 해도 수많은 사람과 '연결'되기 힘들다. 따라서 유저가 가장 많은, 다시 말해서 잠재 고객들이 우글거리는 플랫폼에서 내 콘텐츠가 노출되어야 한다. 그게 바로 인스타그램이다.

"사람들이 몰리는 길목에 돈이 흐른다"

라는 말이 있다. 내가 만든 제품이나 서비스, 혹은 콘텐츠를 누군가 봐주고, 공감하며 소비해야 수익으로 이어질 수 있다. 결국 플랫폼의 성패는 그 안에 얼마나 많은 사람이 활발히 활동하고 있느냐에 달려 있다. 다양한 SNS 플랫폼을 비교해 보았을 때, 인스타그램은 국내에서 가장 많은 사람이 사용하는 소통 플랫폼 중 하나다. 국내 SNS 이용률 통계를 보면 인스타그램은 항상 최상위권을 기록하며, 특히 20~40대 사용자층이 압도적으로 많다. 특히 2040은 경제 활동의 중심을 이루는 계층으로, 소비 욕구와 구매력을 동시에 가지고 있어 우리의 인스타 수익화 관점에서도 매우 유리하다.

3. 수익화를 빠르게 실현할 수 있다

인스타그램의 가장 큰 장점은 다른 플랫폼보다 수익화가 빠르다는 것이다. 앞서 온라인 수익화의 핵심은 '연결'이라고 했다. 연결은 곧 나와 연결된 사람들의 수를 말한다. 인스타에서는 '팔로워 수'다. 따라서 팔로워를 빠르게 모을수록 수익화를 이루는 과정도 단축된다. 그런 측면에서 인스타는 다른 영상 플랫폼들보다 팔로워 모으기가 쉽다.

혹시 '인스타그램이 영상 플랫폼이야?'라고 생각하는 사람이 있다면, 지금 당장 인스타 어플을 열어 보자. 인스타그램은 약 2년 전 '릴스'라는 영상 콘텐츠를 도입했으며, 지금은 릴스가 인스타를 점령했다. 이제 인스타그램은 더 이상 단순한 사진 어플이 아니다. 이러한 변화는 인스타그램을 통해 더 빠르게 수익화를 실현할 수 있는 좋은 기회가 된다. 사람들은 정적인 사진보다 동적인 영상에 열광하고, 긴 영상보다 짧은 '숏폼' 영상을 소비하는 데 갈수록 더 많은 시간을 쓰기 때문이다.

인스타그램이 다른 플랫폼들보다 팔로워 모이는 속도가 빠른 이유가 하나 더 있다. 소통 중심의 플랫폼이라는 특징 덕분이다. DM이나 댓글로 팔로워들과 직접 대화하면서 관계를 쌓을 수 있다는 점은 블로그나 유튜브에서 경험하기 어려운 매력이다. 팔로워와의 활발한 소통은 자연스럽게 내 계정의 가치를 높이고, 더 많은 사람에게 노출될 수 있는 기회를 제공한다.

인스타그램에서는 명확한 주제를 잡아서 시작하면 수익화 실현이 더 빨라진다. 내가 전문 지식을 갖추지 않았더라도, 특정 분야나 주제에 집중해서 콘텐츠를 올리는 것만으로도 충분하다. 가장 중요한 것은 일관성이다. 여기에서 가장 큰 함정은 이것저것 잡다하게 올리는 것이다. 다양한 주제를 섞어 올리다 보면 계정의 방향성이 흐려지고, 전문성을 보여줄 수 없다. 하지만 하나의 주제에만 집중하면 계정 자체가 신뢰를 얻기 시작한다.

이러한 점을 잘 이용한 덕분에 나는 직장 외의 수익화를 시작한 지 5개월 만에 월급 이상의 순수익을 벌어들일 수 있었다. 전문 기술이나 대규모 자본 없이도 빠르게 성과를 낼 수 있는 플랫폼으로 인스타그램은 확실히 최고의 선택이었다. 유튜브, 블로그, 스마트스토어 등 다양한 선택지가 있었지만, 나는 결국 인스타그램을 선택했다. 0원으로 시작할 수 있는 점, 사람들이 활발히 활동하는 플랫폼이라는 점, 그리고 수익화를 빠르게 실현할 수 있다는 장점 덕분이었다.

처음에는 단순히 "한 번 해볼까?" 하는 마음으로 시작했지만, 꾸준히 하다 보니 작은 성과들이 쌓여갔다. 팔로워가 늘고, 협찬이 들어오고, 때로는 내 콘텐츠를 좋아하는 사람들과 직접 소통하며 새로운 기회를 만들어 낼 수 있었다. 나는 지금도 인스타그램을 통해 직장 외의 수익화를 이어가고 있다. N잡을 꿈꾸는 사람이라면, 인스타그램이 그 첫걸음을 내딛기에 가장 적합한 플랫폼이 아닐까?

Part 2

30대 '온라인 할미'의
좌충우돌 인스타 성장기

'온라인 할미'도 15일 만에 팔로워 1,000명 찍었습니다

'닉네임 정하는 데도 반나절..'

인스타에서 활동할 닉네임 하나를 정하는 데에 반나절이 걸렸다. 닉네임을 계속 변경하느라 괜한 계정을 5개나 파고 나서야 '비타민써니'라는 닉네임으로 최종 결정이 났다. 정하고 보니 또 별거 없었다. 건강/다이어트 주제로 시작하려니 '비타민'이라는 단어와 내 영어 이름 써니를 합친 초 단순한 조합이었다. 이걸 만드느라 반나절을 머리를 싸매고 고민했다니.. 내 어휘력과 창의력에 현타가 먼저 왔다.

　다음으로 내가 할 일은 '콘텐츠 만들기'였다. 막막했다. 그 흔한 인스타 어플도 없이 살았던 '온라인 할머니'였기에 참고할 레퍼런스조차 없었다. 그래서 인스타 어플을 켜면 나오는 수많은 사진 피드를 보기 시작했다. 더 막막해졌다. '다들 사진 전문가인가?'라는 생각이 들 정도로 사진 퀄리티가 넘사벽이었다. 이런 전문가 포스가 철철 흐르는 사람들 사이에서 '내가 어떻게 팔로워를 모을 수 있을까?' 싶었다. 누구나 처음 시작할 때는 과거의 나와 비슷한 생각을 하게 될 것이다. 이럴 때 겁먹지 말고 일단 시작해 보자. 시작해야 무슨 일이든 벌어진다. 그것이 긍정적인 일이면 더욱 집중해서 하면 되고, 긍정적이지 않은 것이라도 좋다. 왜 그런지 원인을 찾고 해결해나가면 그만이다.

　그런데 겁먹지 않아도 되는 이유가 하나 더 있다. 인스타그램을 처음 켜서 보는 콘텐츠들은 대부분 인스타 알고리즘의 선택을 받은 우수한 콘텐츠들이라는 것이다. 당연히 퀄리티가 좋을 수밖에 없다. 이건 겁먹을 부분이 아니라 오히려 진짜 좋은 기회다. 양질의 콘텐츠만 모아서 볼 수 있기 때문이다. 나처럼 인스타를 처음 접했던 사람은 주제와 상관없이 이런 콘텐츠들을 일단 '많이' 보길 바란다. 평소 인스타그램을 사용해 본 적이 없는 사람들은 주제 선정부터 막막할 수 있고, 설령 주제를 잡았다 해도 이를 어떻게 콘텐츠로 풀어낼지 감조차 잡기 어려운 경우가 많다. 내가 그랬다.

그래서 닥치는 대로 봤다. 불과 어제까지만 해도 출퇴근 시간에 노래만 듣던 나는, 시간 날 때마다 인스타 피드를 넘기는 습관이 생겼다. 그랬더니 보는 눈이 생겼다. '내가 할 수 있는 영역'과 '내가 하기 힘든 영역'을 보는 눈 말이다. 내가 할 수 있는 영역은 단순한 사진 한 컷과 긴 캡션으로 이뤄진 스타일이었다. 당시에는 릴스가 없었고, 사진 게시물이 100%를 차지했던 시절이었다. 그래서 '인스타 감성'을 내뿜는 사진들이 정말 많았다. 하지만 나는 그런 고퀄리티 사진들과 승부할 수 없었기 때문에 나만의 전략으로 갔다. 사진보다 글 쓰는 게 더 익숙했던 사람이었기에 글 내용과 관련된 1~2장의 사진과 블로그 수준의 긴 글을 적어서 '건강한 다이어트 정보'를 정리했다.

나는 건강 전문가는 아니었다. 그래서 내가 읽은 다이어트 관련 책 내용, 유튜브 영상에서 공부한 다이어트 정보들을 정리해서 공유했다. 전문가는 아니었지만, 관심을 두고 꾸준히 공부해온 분야였기 때문에 소재가 마르지 않았다. 인스타나 온라인 플랫폼을 시작하면 가장 큰 고민이 바로 '콘텐츠 고갈'이다. 처음에 호기롭게 컨셉을 정해도 막상 콘텐츠 몇 번 올리면 그다음에 '뭐 올리지..?' 하면서 콘텐츠 고민이 시작된다. 공감하지 않는가? 이건 주제부터 잘 정해야 하는 부분이다. 나는 개인적으로 '내가 잘 아는 분야'부터 시작하는 걸 권장한다. 다이어트는 많은 여성의 관심사이기도 하고, 나 역시 평소 다이어트 관련 정보를 많이 찾아봐 왔던 터라 '공유할 이야기'가 많았다. 공유할 이야기가 많으면 자신감이 붙게 되고, 그러면 인스타 업로드 시간이 기다려지기도 하는 놀라운 일이 생긴다.

그 결과 나는 몇 달 동안 주말 포함해서 매일 1일 1 콘텐츠를 할 수 있었다. 사진을 잘 못 찍어도 괜찮았다. 사람들은 캡션을 읽고 나를 팔로우해 주었고, 소통이란 것이 시작되었다. 지금도 인스타에는 수많은 스타일의 사진과 카드 뉴스 그리고 릴스가 올라온다. 핫한 릴스에도 여러 스타일이 있다. 얼굴이 안 나오는 릴스, 얼굴이 나오는 릴스, 직접 나레이션한 릴스, TTS (Text-to-Speech의 약자로, 텍스트를 음성으로 변환해주는 기술)로 더빙한 릴스, 목소리 없이 자막만 나오는 릴스 등. 이 중에 뭐가 조회 수가 잘 터질까? 그동안 여러 강의와 대행/컨설팅하면서 몸소 경험한 것은 '콘텐츠 스타일엔 정답이 없다'이다.

각자가 할 수 있는 콘텐츠 스타일을 정하면 된다. 얼굴을 노출하기 싫으면 안 하면 된다. 무리하지 않아도 된다. 내가 꾸준히 할 수 있는 인스타 콘텐츠 스타일을 정하는 게 가장 중요하다. 인스타그램 키우기는 게시물 10개 정도 올렸다고 끝나는 게 아니라 결국은 누가 계속해서 새로운 정보나 이야기를 전달하느냐의 게임이기 때문이다. 중요한 건 사람들이 계속 내 계정에 찾아오도록 만드는 '정보의 가치'가 중요하다. 한마디로 콘텐츠력이 중요하다.

나는 그 당시 핫했던 고퀄리티 감성 사진들 사이에서 긴 캡션 정보 글이라는 틈새 전략을 짰고, 1일 1 콘텐츠로 계정 활성화에 박차를 가했다. 그랬더니 인스타를 1도 몰랐던 나도 15일 만에 팔로워 1,000명을 달성하게 된다. 그래서 그때 나는 [15일 만에 팔로워 1,000명 됐다]는 주제로 카드 뉴스를 만들어서 인스타에 바로 올렸다. 여기에서 중요한 포인트가 하나 더 있다. 바로 인스타 하면서 일어나는 이런 소소한 성과를 바로바로 인스타에 공유해야 한다는 것이다.

'요즘 1만 팔로워도 많던데, 팔로워 1,000명을 자랑하라고요?'

당연히 해야 한다. 다른 사람의 팔로워 수가 1만 명이든 10만 명이든 상관없다. 내가 노력해서 팔로워 1,000명을 만들었다는 사실만으로도 사람들에게 충분히 매력적으로 다가온다. 인스타그램에서는 마치 숨 쉬듯 성과를 드러내야 한다. 이것을 자랑이라고 표현할 수도 있지만, 정확히 말하면 '성과의 공유'다. 처음에는 나도 '내 팔로워가 1,000명인 건 다들 알겠지. 굳이 내가 말할 필요가 있을까?'라는 생각했다. 그러나 이런 생각이 들 때마다 '사람들은 생각보다 나에게 별로 관심이 없다.'라는 사실을 떠올렸다. 특히, 온라인에서는 내가 직접 나서서 성과를 공유해야 한다. 온라인 시장에 처음 진입한 사람일수록 이러한 태도가 더욱 중요하다. 그래야 사람들이 우리가 어떤 사람인지 빠르게 이해할 수 있기 때문이다.

    팔로워 수 1,000명을 단기간에 만들었을 때가 2022년이라 지금의 인스타 생태계와는 다르지만, 본질은 같다. 결국 사람들에게 도움이 되는 가치를 전달하는 것이다. 대신 전달 방식은 지금 인스타 생태계와 맞게 사진보다는 릴스가 좋다. 특히, 초기 계정일수록 릴스를 압도적인 비율로 올려야 한다. 다만 과거의 나처럼 1일 1 콘텐츠 업로드는 안 해도 된다. 주 3회 이상 콘텐츠를 꾸준히 올리면 알고리즘이 콘텐츠력이 받쳐주는 계정으로 인식하고 탐색 탭에 노출시켜주기 때문이다. 콘텐츠 포맷도 '내가 할 수 있는 영역'을 찾아서 내 스타일로 올려보길 추천한다. 남들이 해서 좋아 보이는 스타일이 아닌 내가 최소 3~6개월은 꾸준히 올릴 수 있는 포맷으로 가져가는 게 인스타를 오래 할 수 있는 비결이다.

팔로워 2,000명 찍고 갑자기 찾아온 인스타 암흑기

'아니.. 어제 2,000명이었는데 왜 오늘은 1,914명이야?'

열심히 키우는 인스타그램 어플을 열 때마다 팔로워가 100명씩 줄어든 경험이 있는가? 이건 내가 인스타 시작하고 2달 만에 겪은 일이다. 정말 별로 겪고 싶지 않은 경험 중 하나다.

팔로워 1,000명을 달성하면서, 알고리즘을 타게 되어 2,000명까지 순조롭게 팔로워가 올라가고 있었다. 덕분에 많은 사람과 소통도 하며 온라인 유대감이란 것도 생겼다. 그리고 생애 처음으로 무료로 책을 받고 서평을 써주는 '도서 서평'이란 것도 제안받았다. '아! 이게 인스타 수익화의 시작점인가!'라는 생각과 함께 '이제 곧 2,000명 넘고 3,000명 되면 더 많은 기회가 기다리고 있겠다!'라는 장밋빛 미래를 혼자 상상하며 인스타 어플을 들어갈 때마다 너무 즐거웠다.

그리고 결국 팔로워 2,000명을 넘게 됐다. 앞자리 수가 1에서 2로 바뀌니 더 인스타 할 맛이 났다. 그런데 이상한 일이 일어났다. 분명 오늘 2,014명이었는데, 그다음 날 보니 1,900명대로 하루에 거의 100명씩 빠지는 게 아닌가! 인스타 오류가 꽤 많다던데 이것도 오류 중 하나인가? 처음엔 이렇게 생각할 수밖에 없었다. [프로페셔널 대시보드]라는 통계를 보고 나서 이게 오류가 아니라고 실제 상황이라는 걸 깨달았다.

> ## Tip
>
> ### [프로페셔널 대시보드]가 뭐예요?
>
> 비즈니스 계정과 크리에이터 계정을 사용하는 사용자에게 제공되는 통계 도구다. 이 대시보드는 계정 관리를 더 디테일하게 해주는 도구로, 팔로워 수, 팔로워 분포도, 그리고 콘텐츠 성과 분석 등을 분석해서 데이터로 제공해준다. 인스타그램을 비즈니스적으로 키우려면 반드시 [설정]에 가서 [계정 및 유형 도구]를 클릭해서 [프로페셔널 계정으로 전환] 해야 한다. 100% 무료로 변경할 수 있다. 여기서 비즈니스 계정과 크리에이터 계정 중 하나를 선택해야 하는데, 릴스 음악을 더 많이 사용할 수 있는 '크리에이터 계정'으로 선택하는 걸 권장한다.

팔로워 통계 그래프를 보니 팔로우를 하는 사람보다 팔로워를 취소하는 사람 수가 2배가 넘어갔다. 왜 그랬을까? 나는 인스타그램 팔로워를 늘리기에만 바빠서 정작 중요한 걸 간과했다. 바로 인스타그램 브랜딩에 가장 중요한 '컨셉'을 한 계정에서 무려 3번이나 바꿔버린 것이다. 앞서 Part1에서 언급했듯이 처음 계정 주제는 '건강/다이어트'였다. 지금은 퍼스널 브랜딩 계정인데 말이다. 바꾼 이유도 너무 단순했다. 처음에는 건강/다이어트 계정으로 사람들이 관심 있어 할 만한 비타민 정보들을 큐레이션 하며 반응을 끌었다. 그래서 1,500명까지는 그냥 쭉쭉 팔로워가 오르는 상황이었다.

그런데 그즈음 다른 자기 계발 계정들이 눈에 들어와 버렸다. 책 읽고, 동기 부여를 해주는 계정들이 멋있어 보였다. 단순히 멋지단 이유로 바꿔 버린 것이다. 지금 생각하면 절대 하지 않을 일인데 그 땐 무식이 용감하다고 내가 하고 싶은 걸 해야지 하는 맘에 바로 바꿨다. 그래서 두 번째 컨셉은 엉겁결에 동기 부여/자기 계발이 되었다. 이름도 당연히 동기 부여 관련한 닉네임으로 바꿔야 했다. 건강 정보를 주는 '비타민 써니'에서 긍정 마인드를 불어넣는 '초긍정 써니'로 바꿨다. 이 과정을 1,500명이 넘어서 2,000명으로 팔로워가 증가하고 있을 때 진행해버린 것이다. 바뀐 닉네임으로 기존 팔로워들은 1차 혼란, 그리고 무엇보다 바뀐 콘텐츠로 2차 혼란이 왔다. 그 혼란은 자연스럽게 팔로워 취소라는 결과로 이어졌다. 그사이에 나는 '닉네임이 문제인가?' 해서 한 번 더 닉네임을 바꾸게 된다. 긍정적인 것만 필터링해서 정보를 준다는 뜻의 '긍정필터'로 말이다. 그리고 동기 부여를 해주는 내용의 콘텐츠를 만들기 시작했다. 이렇게 약 2~3개월 동안 컨셉도 3번, 닉네임도 3번씩이나 바꿔버린 것이다. 거의 한 달에 한 번꼴로 바꿨으니 팔로워가 빠지는 건 당연했다.

초반에 나와 소통하던 사람들은 다이어트 꿀팁을 얻으려고 팔로우했는데, 갑자기 동기 부여를 말하니 사람들이 떠나가는 것은 당연한 이치였다. 그리고 나서 이름도 계속 바뀌니까 나중에는 '이제 건강 꿀팁은 더 안 올라오나요?'라는 댓글이 달리기도 했었다. 이렇게 내 시행착오를 디테일하게 말하는 이유가 있다. 지금 이 글을 읽는 독자님은 나와 같은 시행착오를 겪지 않길 바라는 마음에서다. 인스타를 개인 계정으로 운영할 때는 상관없다. 뭐를 올리든, 컨셉이 뭐든. 하지만 인스타 브랜딩으로 돈을 벌기 위해 인스타를 시작했다면 명심하자. 계정 컨셉을 여러 번, 자주 바꾸면 절대 안 된다는 것을. 반드시 '1계정=1주제'로 가야 한다. 그래야 팔로워도 혼란이 없고, 나 또한 컨셉을 바꾸는 데 힘이 덜 들어간다. 궁극적으로 단일한 주제로 일관성 있게 운영하면 브랜딩력이 커진다. 내가 키우는 계정에 브랜딩 파워가 강해진다.

예를 들어, 다이어트 정보를 일관되게 꾸준히 주는 A 계정과 다이어트 정보, 경제 정보, 여행 정보 등을 한 계정에 공유하는 B 계정이 있다고 해보자. 만약 이 글을 읽는 독자님이 다이어트에 관심 있는 사람이라면 A 계정과 B 계정 중 어떤 계정을 팔로우 할 것인가? 당연히 A 계정을 팔로우할 것이다. 여기에서 일관된 주제로 운영하면 좋은 점을 발견했는가? 중요한 것은, 내 주제에 집중도와 관여도가 높은 팔로워는 잠재 고객이기도 하다는 점이다. 이 의미는 향후 해당 계정에서 유형이나 무형의 상품을 판매할 때 구매 전환율이 훨씬 더 높아진다는 얘기다. 따라서 일관성 있는 계정 운영은 비단 팔로워 증가뿐만 아니라 수익화에도 절대적으로 중요한 요소이기 때문에 반드시 '하나의 인스타 계정에는 하나의 주제'로 운영해야 한다.

간혹 '나는 관심 있는 것들이 너무 많아서 2~3개의 주제를 한 번에 운영하고 싶다'는 경우가 있다. 그렇다 하더라도 일단 그중에서 내가 당장 수익화하고 싶은 주제를 하나만 정해서 계정을 하나라도 제대로 운영하길 추천한다. 우리는 전업 인스타그래머가 아니기 때문에 퇴근 후 자투리 시간에 계정 하나를 키우는 것만으로도 처음에는 벅차다. 여러 계정을 운영하고 싶은 마음이 들어도 말이다. 나중에 하나의 계정이 어느 정도 자리 잡고 두 번째 계정을 키우는 걸 추천한다. 그리고 예전의 나처럼 한 개의 계정에서 절대 컨셉을 여러 번 바꾸지 말길 바란다. 만약 다이어트에서 자기 계발로 주제를 바꾸고 싶다면 차라리 새로 계정을 파서 처음부터 자기 계발 주제로 시작하는 것이 더 빠르게 성장할 수 있다.

> ## 컨셉 정한다고
> ## 삽질만 100번…
> ## 지금은 '컨셉 장인'
> ## 입니다만

컨셉을 많이 바꾸면 팔로워도 혼란이지만 더 치명적인 건 알고리즘이 꼬인다는 사실이다. '다이어트' 주제로 알고리즘을 타던 중에 갑자기 '동기 부여' 주제로 콘텐츠를 바꾸면 어떻게 될까? 동기 부여 콘텐츠를 좋아하는 사람들에게 바로 내 콘텐츠가 전달될까? 그렇지 않다. 알고리즘은 기존 팔로워에게 먼저 노출되고, 거기에서 반응이 나오면 점차 비 팔로워들에게 노출시키는 양을 늘려준다. 그러니 어떻게 되겠는가? '동기 부여' 내용이 내 기존 팔로워들인 '다이어트'에 관심 있는 사람들에게 먼저 전달된다. 그럼 당연히 반응이 적을 수밖에 없고, 반응이 적으면 비 팔로워들에게 노출되기도 어려워진다. 궁극적으로 내 콘텐츠가 바이럴 될 가능성이 급감해 버린다.

그래도 다행인 점은 꾸준함이 알고리즘도 이긴다는 것이다. 주제를 바꾸고 난 뒤, 콘텐츠를 기존에 올린 양보다 더 많이 업로드하면 결국 알고리즘은 재정비가 되고, 팔로워도 타깃에 맞게 다시 채워진다. 하지만 시간이 오래 걸린다는 게 문제다. 따라서 인스타그램 주제 선정은 무엇보다 중요하다. 혹시라도 내가 어떤 컨셉으로 인스타를 운영하면 좋을지 아직 모르겠다면, 다음 5가지 유형에 따라서 정해보는 것도 좋다.

다음은 사람들이 반응하는 인스타 주제 유형 5가지이다. 이 5가지 유형이 왜 사람들의 반응을 끌어낼까? 바로 삶과 직결되는 부분이기 때문이다. 우리가 살아가는 데 있어서 반드시 필요한 기본 생활 요소인 의식주, 그리고 자본주의에서 필수 요소인 돈과 관련된 주제 말이다. 그리고 사람들이 어느 정도 기본 욕구가 채워지면 궁극적으로 원하는 '인정 욕구'를 자극하는 인스타 주제도 반응이 좋다. 럽스타그램, 썸남/썸녀 고백법, 인간관계 잘하는 법 등 연애 및 처세술 등의 주제가 인스타에서 잘 뜨는 것도 그런 이유다. 여기서 내가 '잘 아는 분야'이거나 아직 잘 알지는 못해도 '꾸준히 공부해서 알려줄 수 있는 분야'를 선택해서 인스타 컨셉을 잡아보길 추천한다.

> **Tip**
>
> **사람들이 반응하는 인스타 주제 유형 5**
>
> 1. 의 : 패션, 헤어, 메이크업 꿀팁
> 2. 식 : 맛집, 디저트, 요리, 다이어트 꿀팁
> 3. 주 : 인테리어, 부동산, 공간 대여, 살림 꿀팁
> 4. 부수입 : 디지털 드로잉, 엑셀, PPT, 구매 대행, AI 꿀팁, 절약 꿀팁
> 5. 인정 : 독서, 글쓰기, 자기 계발, 재테크, 스피치, 공부 꿀팁

인스타 브랜딩에서 일관된 주제 선정 못지 않게 중요한 것이 있다. 바로 내 인스타그램 계정의 얼굴인 '프로필 세팅'이다. 인스타그램을 시장 조사하다 보면 은근히 이 부분을 놓치는 사람들이 많다. 다시 말해, 프로필 세팅만 잘해 놓아도 남들보다 앞서 브랜딩할 수 있다. 내가 강의했던 1,000명 이상의 수강생들이 공통적으로 고민했던 부분이 바로 '컨셉'이다. 그렇다면 이 컨셉을 인스타그램 프로필에 효과적으로 녹여내는 방법을 알아보자

1. 프로필 사진

2. (사용자) 이름

3. 소개

우선 인스타 프로필은 프로필 사진, 이름, 소개로 크게 3가지로 나뉜다. 각 부분 하나씩 살펴보자. 먼저, 프로필 사진. 프로필 사진 크

기는 330×330PX(픽셀)로 정사각형 사이즈로 만들면 된다. 그럼 어떤 사진을 세팅해야 할까? 유형별로 다르다.

일단 내가 하려는 주제의 계정 중 1만 이상 팔로워를 보유한 계정들의 사진을 살펴보자. 예를 들어, 내가 처음 건강 관련 계정을 했을 땐, 내 얼굴 사진을 넣었다. 왜였을까? 주위 건강/다이어트 계정 하는 사람들의 프로필 사진이 다 인물 사진이 많았기 때문이다. 두 번째 동기 부여 컨셉 시 내 계정 프로필 사진은 지금의 '긍정필터' 로고가 박힌 로고 사진이었다. 이것 또한 다른 동기 부여 계정을 시장조사해서 참고했다. 시장 조사 결과, 대부분이 로고 사진을 쓴다는 걸 알고 로고로 바꿨다.

시장 조사가 중요한 이유는 사람들은 이미 보던 것과 '비슷한 결'을 또 찾기 때문이다. 가장 오해하는 것 중 하나가 인스타는 콘텐츠를 만들어서 발행해야 하는 것이기 때문에 '창작해야 한다=고로 독특하고 특이해야 한다'라는 프레임이 씌워지기 쉽다. 그러나 현실은 그렇지 않다. 오히려 너무 튀는 것은 사람들의 선택을 받지 못하는 경우가 많다. 우리도 유튜브를 보면 내가 관심 있는 분야의 비슷한 결의 영상을 계속 더 찾아보게 되는 것처럼 인스타도 마찬가지다. 프로필 사진도 관련 분야에서 많이 쓰이는 스타일로 처음에 벤치마킹해서 시작하는 것이 좋다. 그래야 사람들의 반응을 조금이라도 더 끌 수 있다.

　추가로, 공동 구매 같은 신뢰를 기반으로 판매해야 하는 계정의 경우에는 계정 주인의 얼굴을 프로필 사진으로 하는 걸 추천한다. 공구 특성상 '이 언니 믿고 산다'라는 신뢰를 기반으로 운영되기 때문이다. 강사나 전문직도 마찬가지다. 혹시 얼굴이 노출되는 게 그렇다면 긍정필터 두 번째 계정처럼 캐릭터를 활용해도 좋다. 캐릭터를 사용할 땐 브랜드 컬러를 정해서 배경색으로 넣어주면 퍼스널 브랜딩에 더욱 힘을 실을 수 있다. 디자인 전문가가 아니어도 요즘은 '컬러 헌트 (https://colorhunt.co)' 같은 색을 알아서 조합해주는 색 조합 사이트가 많이 있다. 이 사이트 이외에도 구글에 '색 조합 사이트'라고 치면 다양한 컬러 조합 사이트들이 나오니 참고해서 내 계정만의 색깔도 정해보길 추천한다.

　오프라인 비즈니스의 경우, 내 메인 아이템을 화면에 꽉 차게 넣는 것도 추천한다. 예를 들어, 요식업종의 경우 각자의 시그니처 메뉴가 있다. 그 메뉴를 항공 샷으로 꽉 차게 찍어주고, '라이트룸'같은 보정 어플로 채도를 쨍하게 올려주면 더 먹음직스럽게 보인다.

　두 번째는 이름이다. 이름은 앞서 Part1에서 닉네임에 관해 얘기할 때 잠깐 다뤘다. 이름인 닉네임과 사용자 이름인 @아이디가 서로 연상되도록 하는 게 브랜딩에 좋다고 말했다. 그런데 이름은 브랜딩 측면뿐만 아니라 인스타 알고리즘 측면에서도 중요하다. 바로 인스타 검색 탭에서 검색할 때, 검색어로 잡히는 부분이 바로 이름이기 때문이다. 따라서 이름 부분에 절대 닉네임만 넣어선 안 된다. 우리가 정한 계정 주제의 키워드를 반드시 포함시켜야 한다. 예를 들어, 다이어트 식단 계정을 운영한다고 해보자.

'닉네임 | 저탄수 다이어트 식단 전문가'

이런 포맷으로 닉네임과 키워드를 적고, 그 사이에 구분 선을 넣어서 가독성도 함께 높여줘야 한다. 오프라인 비즈니스를 하는 경우는 뒤에 들어가는 키워드가 단순 주제에만 한정돼서는 안 된다.

추가로 '지역 키워드'가 들어가야 한다. 똑같은 다이어트 계정인데 오프라인 다이어트 사업을 운영하는 경우에는 다음과 같이 앞에 지역명을 넣어주는 걸 추천한다. 그래야 사람들이 지역명+키워드로 검색했을 때, 내 계정이 잡힐 확률이 높아지기 때문이다.

'닉네임 | 서울 압구정 다이어트 전문'

마지막으로 소개 글은 너무 짧아도 안 되고, 너무 길어도 안 된다. 딱 3~4줄이 적당하다. 한 줄은 내 컨셉을 표현하기 너무 짧고, 가끔 8줄이 넘어가게 쓰는 경우도 발견하는데, 그러면 사람들이 다 읽지도 않고 넘긴다. 따라서 3~4줄로 소개를 작성하되, 다음 기준대로만 쓰면 된다. 첫째 줄에는 '내가 이 계정에서 나눌 가치'를 적는다.

두 번째 줄은 '관련 주제에서 내가 이룬 성과'를 한 줄로 정리하면 된다.

여기에서 내가 아직 이룬 성과가 없다면 '내가 이루고자 하는 목표'를 써도 좋다. 예를 들어, 다이어트 계정인데 이미 성과가 있는 경우엔 '-40kg 감량한 40대 주부'라고 쓰면 되지만, 그렇지 않은 경우엔 '시작: 70kg → 1월: 61kg → 12월: ??' 이렇게 살이 빠지는 과정을 달마다 기록한 것을 업데이트하면서 소개 글로 공유하는 것이다. 사람들은 전문가의 꿀팁도 좋아하지만 나와 비슷한 사람이 도전하는 걸 지켜보는 것 또한 매우 흥미로워 한다는 것을 기억하자. 세 번째 줄은 아래 외부 링크를 클릭하게 만드는 행동 유도 문구(CTA)로 마무리하면 된다. 예를 들어, '더 알아보기', '신청하기' 등의 클릭 유도 문구로 마무리해야 한다. '이런 글자 하나 더 넣는다고 클릭률이 더 올라가나?'라고 생각할 수도 있다. 그런데 이런 문구 하나로 클릭률이 더 증가한다. 그러니 외부 링크를 세팅했다면 반드시 마지막 줄은 CTA 문구로 마무리하자.

소개 글이 3~4줄이라고 한 이유는 기본은 3줄이지만 여기에서 내가 '이벤트'를 할 때 한 줄을 더 추가해야 하기 때문이다. 인스타를 운영하면 반드시 주기적으로 '이벤트'를 열어야 한다. 무료든 유료든 상관없다. 다만 초기에는 무료로 작게 시작하는 걸 추천한다. 주변에서 보면 심심찮게 '1,000명 팔로워 기념 이벤트'라는 카드 뉴스나 릴스를 보게 된다. 이미 앞서서 인스타를 운영한 사람들이 어떤 이벤트를 하고 있는지 미리 정리해놓는 것도 방법이다. 쉽게는 '커피 쿠폰 이벤트'부터 '전자책 이벤트', '자료 나눔 이벤트' 등 다양하다. 만약 이벤트를 진행하게 되면 CTA 문구 바로 윗줄에 한 줄 더 추가하면 된다. 예를 들어, 1:1 무료 상담 이벤트를 한다고 가정해 보면 이렇게 소개 글을 표현할 수 있다.

'1:1무료 상담 → 매월 선착순 3명 진행'

위의 예시처럼 이벤트를 한다는 내용뿐만 아니라 '3명만 받는다'라는 한정 효과를 추가하면 반응이 더 빨리 온다. 일례로, 예전에 수강생이 이렇게 소개 글을 바꾸고 난 뒤에 바로 인스타로 강의 문의가 왔었다고 한다. 그때 그 수강생의 인스타 팔로워가 몇 명이었는지 아는가? 겨우 7명뿐이었다. 소개 글에 이벤트 내용을 전략적으로 한 줄 추가했을 뿐인데 문의가 온 것이다. 이렇게 소개 글의 위력은 우리 생각보다 훨씬 크기 때문에 꼭 위의 기준에 맞게 써 보자.

이외에도, 인스타그램을 제대로 잘 운영하는 계정의 소개 글에는 공통점이 하나 있는데 바로 '이모지'를 적절히 활용한다는 것이다. 이모티콘을 어디에 써야 할까? 각 소개 줄의 맨 앞에 넣어야 한다. 왜냐하면 이모티콘 또한 행동 유도 역할을 하기 때문이다. 그래서 특히 CTA 문구에는 아래 화살표 이모티콘을 반드시 넣어주자.

'신청하기 VS ⬇️신청하기⬇️'

두 신청하기 문구 중 어떤 게 시선을 끌까? 당연히 이모티콘까지 넣은 쪽이다. 그러니 꼭 '이모지'를 적당히 소개 글에 넣어 활용해 보자. 이모티콘은 휴대폰에서 바로 사용해도 된다. 폰 기종에 따라 어떤 이모티콘은 적용되지 않고 깨지는 경우가 있다. 그런 경우에는 이 사이트(https://kr.piliapp.com/emoji/list)를 활용하면 깨지는 이모티콘 없이 깨끗하게 사용할 수 있다.

결론적으로, 프로필 세팅은 단순한 꾸밈이 아니다. 계정의 전략과 정체성을 반영한 브랜딩의 핵심 전략이다. 사람들은 독특한 것보다는 친숙하거나 전문성이 느껴지는 계정에 반응한다. 따라서 시장 조사를 통해 트렌드를 파악하고, 브랜딩과 반응, 둘 다 불러일으키는 전략적인 프로필 구성을 통해 내 계정이 가진 강점을 최대한 드러내 보자. 작은 디테일 하나가 계정의 성장 속도를 좌우할 수 있다는 점을 잊지 말자.

> # 아니 실시간으로 팔로워가 1,000명씩 늘어나는데..

'17일 만에 1만 팔로워..?'

　와.. 이게 진짜 됐다. 다른 사람들의 성공 스토리로만 듣던 폭발적인 팔로워 유입이 내 현실이 됐다. 어떻게 단기간에 팔로워를 1만까지 만들었을까? 바로 사람들이 빠르게 반응하는 '릴스' 전략이었다. 우선 콘텐츠 유형을 100% 릴스로 바꿨다. 왜 그랬을까? 인스타를 1년만 꾸준히 해도 느끼는 게 하나 있다. 바로 트렌드가 정말 빠르게 바뀐다는 거다. 트렌드가 바뀐다는 것은 동시에 알고리즘도 시시때때로 변한다는 얘기다. 내가 인스타를 시작한 지 얼마 지나지 않아 인스타에 급격한 변화가 찾아왔었다. 그게 바로 '릴스'였다. 릴스가 인스타에 막 도입되던 초창기 때만 하더라도 릴스의 인기는 지금처럼 엄청나지 못했다. 인스타 탐색 탭만 봐도 사진과 카드 뉴스가 80~90% 이상을 차지할 정도로 이미지 콘텐츠가 우세했던 시절이었다.

지금 인스타를 시작한 사람들이 보면 '릴스가 뭐가 새롭다는 거지? 인스타는 당연히 릴스 아닌가?!'라는 생각을 할 수 있다. 그러나 릴스가 처음 도입되었을 당시, 기존 콘텐츠 크리에이터들 사이에서는 릴스에 대해 회의적인 시각이 적지 않았다. 릴스 영상은 틱톡에서 소비되는 거고, 인스타도 잠깐 릴스라는 걸 도입했지만 다시 카드 뉴스/사진으로 트렌드가 돌아올 것이라는 여론이 적지 않았다. 근데 인스타 알고리즘은 주변 여론과는 다르게 릴스를 점점 바이럴시켰다. 이 인스타의 새로운 트렌드를 빠르게 파악했고, 누구보다 먼저 실행에 옮겼다.

지금은 릴스 1타 강사라는 닉네임의 '릴타강사 긍정필터'이지만 릴스가 처음 도입되던 시기 때만 해도 릴스의 릴도 몰랐던 사람이었다. 영상을 태어나서 한 번도 만들어 본적이 없었으니까 말이다. 대신 인스타 변화를 빠르게 캐치했고, 그걸 남들보다 빠르게 실행에 옮겼다. 처음 만들다 보니 연습이 많이 필요했다. 그래서 매일 릴스 하나씩은 만들기 시작했다. 결과는 어땠을까?

　60만, 100만, 400만 릴스들이 연이어 터지면서 17일 만에 팔로워 1만이 되고, 3주만에 3만까지 팔로워를 모았다. 지금도 인스타는 새로운 기능들이 주기적으로 나오고 있다. 릴스처럼 트렌드가 될지 잠깐 반짝하고 사그라들지는 아무도 모른다. 다만 이런 기능들이 새로 나오면 발 빠르게 시도해보는 걸 추천한다. 이게 또 어떤 기회로 우리에게 엄청난 결과를 가져다 줄지 모르니 말이다. 지금까지 들어보면 '숏폼 시장 조사하고 바로 저렇게 만들어서 100만뷰 빵빵 터뜨린 거야?' 라고 생각할 수 있다. 그럴리가..

　릴스 초창기 당시에 나는 유튜브 쇼츠도 잘 안 봤던 사람이었다. 그럼 틱톡은? 인스타 어플도 없었는데, 있을 리가 없었다. 하지만 트렌드가 바뀌었으니, 나도 바뀌어야 했다. 그래서 내가 가장 먼저 한 것은 역시나 '남들은 뭐 올리고 있나?'를 들여다보는 시장 조사부터 했다. '이게 왜 떴을까?' 분석하기 시작했다. 자기계발 계정에서 터지는 릴스 유형은 2가지였다. 국내외 동기부여 영상을 편집하거나 그 내용을 읽어주거나. 터지는 릴스 유형을 찾았으니 이제 나만의 방식으로 릴스를 제작만 하면 끝났다. 근데 늦은 나이에 직장만 다닌 내가 다룰 줄 아는 툴이라고는 엑셀과 PPT뿐이었다.

지금은 워낙 릴스가 유행이라서 쉽게 영상 편집을 할 수 있는 '캡컷'이라는 툴도 생겨나고, 일반인들 사이에서도 친숙하다. 하지만 당시만 해도 영상 편집에 관심이 없던 나 같은 사람은 무엇으로 영상 편집을 해야 하는지 몰랐다. 그래서 나는 첫 릴스를 PPT로 만들었다. 엑셀은 도저히 영상 각이 안 나오는 인터페이스였고, PPT는 영상 삽입이 일단 되니까 시도해 본 것이다. 만드는 데만 5시간이 걸렸다. 대체 어떤 릴스를 만들었길래 5시간이나 걸렸을까? 아래가 바로 그 5시간에 걸쳐 만든 내 첫 릴스다.

릴스 썸네일처럼 보이지만 이게 영상의 전부였다. 유명인의 사진과 명언을 넣고 릴스 영상 길이를 1분 30초로 꽉 채워서 올렸다. 나름의 이유가 있었다. 릴스는 최대 1분 30초까지 올릴 수 있었다. 영상 길이를 꽉 채울수록 좋을 것 같아서 나름의 테스트를 한 것이다. 그때는 어떤 릴스가 터지는지 데이터가 없었다. 왜냐하면 이제 처음 나온 콘텐츠였으니까. 결과는 어땠을까? 기존의 팔로워들에게서만 반응이 나왔다. 다시 말해서 알고리즘을 타진 못했다는 의미이다. 지금 생각하면 당연하다.

릴스 길이는 10~20초 정도가 적당하며, 콘텐츠력이 받쳐줄 경우나 재미 요소가 강한 경우에는 40~50초까지도 괜찮다. 하지만 1분 30초를 꽉 채우는 경우에는 오히려 알고리즘을 타지 않는다. 이건 내 경험치이기도 하지만 메타(META)에서 공식적으로 발표한 내용이기도 하다. 따라서 지금 릴스를 만들 때는 10~20초 길이의 릴스부터 만들어 보길 추천한다.

그리고 터지지 않은 이유가 하나 더 있었다. 하나의 단일 이미지를 영상처럼 올렸기 때문이다. 단일 이미지는 차라리 사진 게시물로 올리는 것이 더 적합했다. 그러나 릴스에 필요한 이미지를 처음 만들어 보니 시간이 너무 오래 걸렸다. 그렇게 공들인 작업이 아까워서 결국 릴스로 올린 것이다. 일단 PPT로 만들었기 때문에 릴스 크기(1080x1920px)를 PPT에 맞추는 것부터 일이었다. 그다음엔 유명

인사 사진을 찾고 배경을 제거하는 것 등 내가 해보지 않은 작업을 하다 보니 시간이 5시간이나 걸리게 된 것이다.

릴스를 처음 만들 때 시간이 너무 많이 걸려서 '역시 릴스는 나랑 맞지 않나 봐'라고 생각한 적이 있다면, 절대 그렇게 생각하지 않았으면 좋겠다. 지금은 릴스 하나 편집에 15분에서 많게는 40분 정도 걸리지만, 나도 처음에는 PPT로 만들면서 엄청난 시행착오를 겪었다. 뭐든 처음하는 것은 시간이 걸린다. 제로 베이스에서 처음부터 짠! 하고 마법처럼 잘 풀리고 빠르게 진행되는 경우는 없으니 꾸준히 도전해 보길 바란다.

이렇게 시행착오를 겪다 보니 '아, PPT 말고 더 빨리 편집할 수 있는 툴을 찾아야겠다'는 생각이 들었다. 그래서 그다음에는 인스타 자체 어플에서 제공하는 기본 편집 기능으로 릴스를 만들었다. 두 번째 릴스는 외근 나갔을 때 찍은 KTX 영상에 인스타 음악을 씌우고, 나름의 감성 문구를 영어로 적은 게 전부다. 이게 과연 바이럴이 됐을까? 당연히 됐을 리가 없다.

그래도 저번 명언 이미지 릴스보다는 발전했다. 왜냐면 정적인 사진 이미지가 아닌 영상으로 시작했고, 영상 길이도 10초 내외였기 때문이다. 그런데 이번에는 왜 바이럴이 안 됐을까? 바로 '내용'이 부재했기 때문이다. 개인 계정에나 올릴 만한 아무 내용 없는 기차 풍경 영상의 릴스는 내 지인이나 친한 팔로워 말고는 봐줄 사람이

없다. 아! 물론 예외는 있다. 우리가 엄청난 유명 연예인이라면, 대중은 우리의 일상조차 궁금해하며 지켜본다. 하지만 나 같은 평범한 직장인의 일상을 궁금해하는 사람은 한 명도 없다. 따라서 나 같은 평범한 사람들은 절대 내용 없는 릴스를 올리면 안 된다. 대신, 정보를 담으면 된다. 정보도 3가지로 나눌 수 있다.

Tip

'계정 주제 상관없이' 터지는 릴스 유형

1. 유용한 정보 전달
2. 성공한 경험 혹은 실패한 경험담 공유
3. 어떤 분야에서 성공 또는 성장하는 과정 공유

이 3가지 유형 중 하나를 잡아서 릴스를 만들어 보자. 확실히 이전에 만들었던 릴스와는 반응 자체가 다를 것이다. 어떻게 그렇게 자신하냐고? 내 계정이 폭풍 성장할 때마다 실제로 적용한 콘텐츠 유형이기 때문이다. 지금까지 예시로 맨 처음 릴스, 두 번째 릴스의 시행착오만 공유했지만 실제로는 몇십 배의 수많은 시행착오를 겪었다.

그러면서 터지는 릴스에도 공식이 있다는 것을 발견했고, 위에 3가지 유형으로 압축됐다. 이 유형을 기반으로 1일 1 릴스를 3주 동안 진행했고, 3주가 채 되기도 전인 17일 만에 1만 팔로워가 되었다. 이때 핸드폰에는 실시간으로 좋아요&팔로워 팝업이 미친 듯이 뜨며 진동이 울려댔다. 이 성과 데이터가 더 의미 있었던 이유는, 단기간에 콘텐츠만으로 1만 팔로워를 모은 계정이, 컨셉을 세 번이나 바꿔 알고리즘이 꼬일 대로 꼬여 있었던 첫 번째 계정이었다는 점이다. 인스타그램에서 알고리즘도 매우 중요하지만, 터지는 릴스를 꾸준히 업로드하면 알고리즘이 빠르게 조정된다는 것을 알게 됐다.

결론적으로 인스타그램은 트렌드와 알고리즘이 끊임없이 빠르게 변화하는 플랫폼이다. 핵심은 변화에 주저하지 않고 발 빠르게 대응하며, 꾸준하게 콘텐츠를 제공함으로써 가치를 전달하는 것이다. 처음에는 완벽하지 않아도 괜찮다. 시행착오를 거치며 배워나가는 과정에서 성장의 기회가 반드시 온다. 중요한 건 완벽함이 아니라 꾸준히 시도하고, 실천하는 자세다. 터지는 릴스 유형을 빠르게 캐치하고, 내가 줄 수 있는 가치를 정리하며 한 발짝씩 나아가다 보면, 인스타에서 나만의 입지를 구축하고 성과를 만들어 낼 수 있을 것이다.

9.9만 팔로워 긍정필터! 인스타 계정이 2개인 이유는요

'긍정필터님은 왜 계정을 2개 운영하세요?'

수강생분들에게 가끔 듣는 질문이다. 인스타에 '긍정필터'라고 치면 2개의 계정이 나온다. 실제로는 3개의 계정이 나오는데 눈사람 프로필 사진의 계정은 사칭 계정이다. (시간 되실 때 신고 하나씩 부탁드립니다. 허허..) 여튼, 애초에 계정을 2개를 운영할 맘은 없었다. 앞에서도 말했듯이 우리는 전업 인스타그래머가 아니다. 그래서 남은 자투리 시간에 인스타 성과를 빠르게 내기 위해서는 인스타 계정 하나만 운영하는 걸 추천한다고 했었다. 그런데 정작 나는 왜 굳이 이렇게 나눠서 운영하고 있을까?

처음으로 3만까지 만들었던 내 첫 긍정필터 본 계정이 '비활성화'
가 되었기 때문이었다. '비활성화되면 활성화시키면 되지 않나?'라
는 생각이 들 것이다. 물론 '벤'이라고 해서 어느 정도 일정 기간이
되면 풀리는 게 일반적이다. 그런데 내 본 계정은 달랐다. 일반적인
벤과 차원이 다른 '영구적인 비활성화' 상태였다. 알림창에서 문제
신고 자체가 안됐고, 이 비활성화는 내 계정 유료 광고 집행 뿐만 아
니라 자동DM 서비스까지 계정을 활성화 시키는데 필요한 모든 기
능을 막았다. 혹시 여러분의 인스타에도 아래와 같은 알림창이 뜬다
면, 미련 없이 새로운 계정을 시작하라고 말하고 싶다. 그나마 다행

인 부분은 약 1,000명의 수강생을 가르치면서 아직 이런 비활성화 알림창이 뜬 경우를 본 적은 없다.

이 알림창이 계정을 열고 며칠 되지 않아 갑자기 생겼던 거 같다. 처음엔 '뭐지…?' 했는데 콘텐츠 업로드는 잘 되길래 별일 아닌 줄 알고 그냥 그대로 키웠다. (이런 걸 보면 성격이 꽤나 무딘 편이긴 한 거 같 다) 그런데 계정이 점차 성장하고 시간이 지나면서 문제가 나타나기 시작했다. 인스타에서 트렌드가 된 DM 자동화 기능과 유료 광고 기 능 모두 되지 않았던 것이다.

그래서 나는 또 새로운 도전을 하게 됐다. 두 번째 인스타 계정을 새로 팠다. 처음에는 울며 겨자 먹기로 새 계정을 운영했다. 자! 생각해 보자. 몇 개월 동안 회사 퇴근하고 매일 인스타에 올인하며 열심히 키운 3만 계정이 갑자기 먹통이 돼서 다시 팔로워 0명에서부터 새로 시작해야 한다면 여러분은 어떻겠는가? 그동안 들인 시간이 아까울 것이다. 하지만 나에겐 본 계정을 단기간에 3만까지 키운 경험으로 다져진 노하우가 남아 있었다. 그래서 다시 키울 자신은 있었다. 공들인 시간이 약간 아까울 뿐.

새로 키우는 김에 한 가지 테스트도 했다. 오로지 '콘텐츠'로 키워 보기로! 그래서 소위 말하는 '맞팔' 작업을 일절 하지 않았다. 그래서 내 두 번째 계정을 보면 본 계정 팔로우 이외에는 아예 팔로우가 없다. 결과는 어떻게 됐을까? 오히려 본 계정보다 더 빠르게 팔로워가 모였다. 13일 만에 팔로워 1,000명이 됐고, 한 달 만에 6,000명이 늘고, 나중엔 5일 만에 1만 팔로워씩 늘면서 1년 만에 6.8만 팔로워 계정이 되었다. 결과적으로 본 계정보다 2배 넘는 팔로워를 보유한 두 번째 긍정필터 계정으로 성장시켰다.

비결이 뭐였을까? 사람들이 반응하는 릴스 주제와 대본을 만들고, 썸네일 제목을 지었다. 여기에서 말하는 '사람들이 반응하는' 주제, 대본, 제목을 다 아우르는 것이 바로 '전략적인 글쓰기'다. 이걸 영어로 있어 보이게 말하자면 '카피라이팅'인 것이다. 카피라이팅을 릴스 측면으로 재해석하면, '짧은 시간 안에 시청자의 시선을 사로

잡아 계속 보게 만드는 전략적 글쓰기'고 정의할 수 있겠다.

카피라이팅의 목적은 간단하다. 바로 릴스 영상 초반 3초 안에 시청자의 시선을 빼앗는 것이다. 그리고 그 열쇠는 바로 강력한 카피라이팅에 있다. 아무리 멋진 영상이나 세련된 편집이 있어도, 첫 문구가 밋밋하다면, 즉 후킹(Hooking) 하지 못하다면 여러분의 팔로워가 될 잠재 고객은 그대로 다음 릴스를 보려고 스크롤을 내릴 것이다.

그렇다면 어떤 카피라이팅이 사람들의 시선을 붙잡을 수 있을까? 이 고민을 해결하기 위해, 꼭 기억해야 할 카피라이팅 공식이 있다. 이 공식은 나와 내 수강생들이 실제로 50만 뷰, 100만 뷰 릴스를 만들면서 썼던 릴스 카피라이팅을 정리한 것으로 이름은 〈3N 공식〉이다. 이 공식은 릴스뿐 아니라 모든 숏폼 콘텐츠에서 사람들의 시선을 사로잡을 확률을 10배 높여준다. 지금부터 이 3가지 유형을 하나씩 살펴보자.

[100만 뷰 터지는 릴스 후킹 카피라이팅 공식: 3N]

첫 번째 N은 Name(이름)이다. 유명인 이름을 릴스 초반 2초에 언급하라. 사람들은 유명인의 이름에 민감하게 반응한다. 누군가를 신뢰하거나 좋아하기도 하고, 때론 이슈를 끈 스타에게 호기심으로 끌리게 된다. 그래서 릴스 썸네일 제목이나 첫 문장에 유명인 이름이

나 화제의 인물을 넣으면 사람들이 훨씬 더 많이 보게 된다. 유명인을 언급하면 콘텐츠가 자동으로 호기심을 자극한다. 예를 들어, "엄청난 성공 비결"이라는 제목과 "일론 머스크가 성공한 이유"라는 제목 중 어떤 것이 더 조회 수가 높을까? 답은 안 봐도 유튜브다.

물론 내 주제와 관련된 인물일수록 그 효과는 극대화된다. 위의 썸네일은 다이어트 레시피 계정을 운영하는 수강생이 지은 릴스 제목이다. 단순히 레시피를 공유하는 것이 아니라, 당시 화제가 되었던 배우 진서연 님의 다이어트 레시피를 릴스 주제로 선정했기 때문에 조회 수가 80만 뷰를 넘는 폭발적인 반응을 이끌어냈다.

두 번째 N은 Number(숫자)다. 구체적인 숫자를 언급하라. 예를 들어, "중년 다이어트 방법"이라는 카피라이팅 보다는 그 뒤에 "5가지 방법", "TOP 3" 같은 카피를 더해서 "중년 뱃살 빠지는 다이어트 방법 5가지"로 바꾸면 더욱더 구체적이고 명확한 느낌을 준다. 또한 숫자는 시청자에게 콘텐츠의 길이와 내용을 예측할 수 있도록 힌트를 준다. "이 영상을 보면 짧은 시간 안에 5가지 정보를 모두 파악할 수 있겠구나"라는 신뢰를 주기 때문에, 시청자가 릴스를 끝까지 볼 가능성이 커진다. 이는 릴스 바이럴에 도움 되는 평균 시청 시간에도 긍정적인 영향을 주기 때문에 반드시 사용해야 할 치트키다. 릴스는 시간 안에 빠르게 가치를 전달해야 하다 보니 구체적으로 숫자를 언급하는 전략은 바이럴을 돕는 중요한 카피라이팅 요소다.

돈을 버는 방법은 사람들이 열광하는 주제 중 하나라서 반응이 잘 터진다. 위의 예시처럼 구체적인 돈 액수를 넣어주면 더욱 강력한 후킹 카피라이팅이 완성된다. 반응이 터진 릴스들의 주제나 썸네일 제목을 보면 단순히 '돈 버는 법'이라는 카피는 거의 없다. '퇴근 후 월 100만 원 버는 법', '방구석에서 월 천 버는 법' 등 구체적인 숫자가 항상 따라다닌다는 것을 명심하자.

마지막 세 번째 N은 Now(시의성)이다. 타이밍을 노려라. 즉, 철 지난 얘기 말고 지금 릴스로 만들어야지만 터질 시의성 있는 주제를 선택해야 한다. 사람들은 최신 정보와 트렌드에 열광한다. "지금"과 관련된 콘텐츠는 사람들의 관심이 가장 높은 주제이기 때문에 클릭을 유도하기 쉽다.

지금 이 책을 작성하고 있는 연말 시즌에는 "올해 가기 전에 꼭 읽어야 하는 책"이나 "크리스마스에 가기 좋은 데이트 장소 BEST 5" 같은 카피가 먹힌다. 현재의 시기나 이슈를 바탕으로 한 주제는 언제나 시청자들에게 즉각적인 관심을 불러일으킨다.

다음의 예시는 내가 실제로 올렸던 릴스 썸네일이다. '요즘 핫한 이 영상'이라는 썸네일의 릴스는 사람이 찰흙처럼 구겨지는 AI 영상이었다. 비교적 최근에 바이럴 탄 영상이기 때문에 인스타를 자주 하는 사람들이라면 한 번씩은 봤을 것이다. 사람들은 이 영상을 신기해하면서 어떻게 만드는 건지 궁금해했다. 그런 점을 간파하고 나는 AI 사이트에서 클릭 몇 번으로 쉽게 만들 수 있는 꿀팁을 릴스로 만들어서 올렸고, 결과는 100만 뷰가 넘게 터졌다. 만약 이 릴스를 반년이 지난 시점에 똑같이 올리면 어떻게 될까? 이만큼의 반응도가 나오지 않을 것이다. 특히 릴스처럼 짧고 후킹이 중요한 숏폼 콘텐츠일수록 트렌디한 시의성은 필수다.

〈3N 공식〉은 심플하지만 그 효과는 막강하다. 〈Name, Number, Now〉는 각각 사람들의 심리적 트리거를 자극한다. 결과적으로, 시청자들이 스크롤을 멈추고 영상을 끝까지 보도록 만든다. 50만 뷰부터 100만 뷰 이상 릴스 조회 수로 단기간에 팔로워를 빠르게 확보하고 싶다면, 짧은 시간 안에 시청자의 눈길을 사로잡아야 한다는 것을 명심하자. 그리고 그것이 강력한 카피라이팅에서 시작된다는 걸 잊지 말자.

Part 3

0원으로 시작한 인스타로
임원 연봉 법니다

'모임 1도 안 해본' 극소심 I형의 생애 첫 모임장 도전기

'이불 밖은 위험한 집순이, 그게 바로 접니다..!'

인스타를 시작한 후 강의하고 모임을 운영하다 보니, 만나는 사람들은 나를 원래부터 모임을 좋아하는 외향적인 사람으로 생각하곤 한다. 사실 나는 극 내향형으로 집순이다. MBTI도 ISFP다. 종일 침대에 누워 있는 게 가장 행복한 사람이다. 친한 사람들과는 잘 있지만, 처음 보는 사람들과 있으면 낯가림이 심해지는 성격이다. 이런 내 성격으로 어떤 모임을, 왜 한 걸까?

내 첫 모임은 '다이어트' 계정에서 '자기 계발' 계정으로 컨셉을 바꿨을 때 열었다. 팔로워가 쭉쭉 빠지던 나락 시절에 말이다. 팔로워가 빠진다고 그저 바라만 볼 수 없었다. 뭐라도 해야 했다. 그래서 내가 뭐부터 했을까? 맞다! 시장 조사! 지금까지 내 글을 쉼 없이 읽은 사람이라면 익숙한 단어이지 않은가. 시장 조사는 어떤 일을 시작할 때 반드시 필요한 선행 작업이다. 시장 조사가 필요한 경우는 2가지다. 첫 번째는 아예 생경한 시장(내 경우 인스타 처음 시작했을 때랑 릴스 처음 만들 때다)에 뛰어들 때다. 두 번째는 계정이 성장하다가 갑자기 성장이 멈추거나 앞으로 나아갈 방향이 보이지 않을 때다. 이 시기가 딱 두 번째 상황이었다. 그래서 다른 자기 계발 계정들은 무엇을 하고 있는지 조사하기 시작했다.

가장 먼저, 남들은 하고 있는데 나는 하고 있지 않은 것을 찾아내는 게 관건이었다. 일단 1일 1 콘텐츠는 그 당시 유행이었기 때문에 다들 하는 것이었고, 나도 하고 있었다. 그러니 패스! 릴스도 다들 이제 막 걸음마 단계였고, 나 또한 도전 중이었으므로 패스! 그러다 발견했다. 나만 하고 있지 않았던 그것! 바로 챌린지 모임이었다.

솔직히 챌린지 모임이 유행이라는 것을 알고 있긴 했다. 그런데 용기가 나지 않았다. 나는 애초에 모임을 잘 나가는 성격이 아니었다. 혹여 참여한다 해도 리더나 주도하는 역할과는 거리가 굉장히 멀었다. 있는 듯 없는 듯 자리를 지키는 사람 중 하나였다. 그렇다 보니 여기저기에서 챌린지 모임을 한다는 사실을 알았지만, 몸이 나가지는 못했다. 그래도 일단 계정이 성장하려면 지금까지 했던 것과는 다른 게 필요했다. 그래서 인스타 성장을 위해 '나는 원래 내향적이라 모임을 못 해'라는 생각을 내려놓고 모임을 해보기로 했다. 계정 활성화에도 도움이 되지만 수익화를 위한 스타트 포인트가 될 수 있는 기회라는 생각에 빠르게 결단할 수 있었다. 주변에 보면 처음에는 무료로 챌린지 모임을 열다가 나중에는 유료로 스케일 업(Scale Up)한 경우를 많이 봤기 때문이다.

주기적으로 모임을 운영하는 지금, 예전의 날 떠올려보면, '나는 원래 그래', '나는 내향적이라서 못해', '나는 외향적이라서 못해'라는 건 다 핑계라는 생각이 든다. 세상에 원래부터 그런 사람은 없다. 나 스스로가 나에게 그런 프레임을 씌우고 규정하는 것뿐이다. 온라인 수익화를 결심했다면, 절대 스스로 자신의 한계를 정하지 않기를 바란다. 내향적이라 모임을 아예 생각조차 하지 않았던 내가, 최근 약 40명의 수강생과 연말 모임을 혼자서 성공적으로 진행했기 때문이다. (극 I 성격상 모임만 하면 여전히 매번 벌벌 떨긴 한다. 그래도 할 수 있더라)

당시 많이 했던 챌린지 중 하나가 '습관 챌린지'였다. '습관 챌린지'는 각자가 매일 해내고 싶은 습관 하나를 정하고 매일 달성하는 과정을 공유하는 것이다. 당시 시장성이 컸던 이 주제로 나도 모임을 만들기로 했다. 먼저 모집부터 해야 했다. 그런데 막상 모집하려니 고려할 사항이 한둘이 아니었다. 모집 인원, 모집 기간, 비용, 온라인으로 할지 오프라인으로 할지, 운영 기간 등등….

일단 처음이었기 때문에 무료로 시작하기로 했다. 그리고 모임 주최가 처음이었기 때문에 작게 온라인으로 하기로 했다. 소수 정예로 온라인 오픈 단톡방을 만들어서 운영할 계획이었다. 이걸 카드 뉴스로 깔끔하게 정리해서 인스타에 게시했다. 당연히 스토리 공유도 하면서 나의 첫 습관 챌린지 모임이 널리 널리 퍼지길 바랐다. 잦은 컨셉 변경으로 인스타 계정이 맛이 간 상태에서 과연 얼마나 모일까 싶었지만 다행스럽게도 10명이 모였다. 기존에 소통하던 인친들이 거의 80%가 넘었다. 여기에서도 볼 수 있듯이, 인스타는 소통형 플랫폼이기 때문에 같이 크고 있는 인친들 끼리 서로 소통하면서 성장하는 게 좋다. 서로 어떤 일을 하면 도와주기도 하고, 시작한 시기가 비슷해서 서로 으쌰으쌰 동기 부여도 해주기 때문이다.

2022년 11월, 그렇게 내 첫 습관 챌린지 모임이 시작됐다. 그런데 여기에서 한 가지 간과한 사실이 있었다. 바로 운영 기간이었다. 내가 시장 조사를 강조하는 이유가 여기에서 다시 한 번 나온다. 부끄럽지만 챌린지 모임을 모집하는 게시물을 올릴 때, 얼른 빨리 시작하고 싶어서 세부 챌린지 내용은 시장 조사를 제대로 하지 못했다.

그래서 운영 기간이 장장 49일이나 되었다. 원래 챌린지는 기본 2~3주면 끝나야 한다. 왜냐면 기간이 길어지면 루즈해지고 사람들의 동력이 자연스럽게 떨어지기 때문이다. 그런데 2023년까지 49일 남았다는 이유로 단순하게 49일짜리 습관 형성 챌린지를 만들었다. 그래서 습관 챌린지 이름도 '49 LOOP' 모임이었다. 49일 동안 계속 반복해서(Loop) 한다는 의미로 지었다. 지금 생각하면 모임 이름도 한 번에 확 와닿지 않는다. 다소 어려운 단어를 써서 직관적이지 못했다. 그래서 다음 모임에는 2~3주 챌린지로 바꿔서 운영했다. 처음부터 완벽하면 좋겠지만, 그렇지 않아도 괜찮다. 점점 업그레이드하면 된다.

10명을 단톡방에 초대했고, 줌 미팅으로 OT를 열어서 서로 인사를 시켰다. 그랬더니 훨씬 더 좋은 분위기에서 시작할 수 있었다. 중간에 줌 미팅을 한 번 더 해서 서로 유대감을 높였다. 만약 기간이 길거나, 온라인으로만 진행하는 챌리지라면 반드시 따로 온라인 줌 미팅 자리를 마련하는 것을 추천한다. 결속력이 달라질 것이다. 중간에 줌 미팅을 넣어서 49일이라는 긴 기간에도 모두가 열심히 끝까지 챌린지를 달리는 긍정적인 효과를 낳았다.

또 다른 긍정적인 효과는 나 자신이 성장했다는 점이다. 소극적이었던 내가 주도적으로 모임을 이끌 수 있다는 자신감을 얻게 되었다. 그리고 이 모임을 시작했던 이유인 내 개인적인 성장 역시 이 시기에 폭발적으로 이루어졌다. 팔로워 정체 구간을 극복하며 17일 만에 1만 팔로워를 달성했고, 3주 만에 3만 팔로워로 폭발적인 성장을 이루게 된 것이다. 이 과정을 옆에서 실시간으로 지켜보던 49LOOP 멤버들의 반응도 엄청났다. 감사하게도 당시 멤버들이 긍정필터 계정 팔로워가 1,000명 이상씩 늘어나는 걸 단톡방에서 실시간으로 공유해주기도 했다.

2023년 1월, 이 모임이 끝난 후 나는 인스타를 시작한 지 5개월 만에 인스타 수익화에 성공했다. 온라인 모임 운영이 수익화의 출발점이 될 수 있다는 기대감으로 시작했지만, 이 모임은 예상치 못한 방향으로 전개되며 내 첫 N잡 수익화로 이어지게 되었다.

와.. 첫 강의에
119명이 신청했다

17일 만에 1만 팔로워가 되고, 3주 만에 3만 팔로워로 폭풍 성장
하는 모습을 옆에서 지켜본 49LOOP 챌린지 멤버들이 릴스 만드는
방법을 알려달라고 요청해왔다. 따로 개인 카톡으로 총 5명이 연락
을 줬다. 그래서 흔쾌히 알려준다고 하고, 오프라인으로 1:1로 약속
을 잡았다. 지방에 있는 분은 온라인 줌으로 진행했다. 한 20~30분
이면 끝날 거라고 생각했는데, 중간중간 질문도 생기고 하다 보니
1시간을 훌쩍 넘겼다.

"긍필님 이거 돈 받고 알려주세요~"

강의 아닌 강의가 끝나고 난 뒤, 49LOOP 멤버가 이런 말을 해줬다. 그때 나는 '이걸 돈을 받아도 되는 걸까?'라는 생각이 들었다. 그런데 두 번째 멤버, 세 번째, 네 번째, 그리고 다섯 번째 멤버 전부 나에게 이렇게 말해주었다. 전원에게 이런 피드백을 받으니 '그럼 한번 해볼까?'라는 왠지 모를 자신감이 생겼다. 그래서 49LOOP를 진행할 때처럼, 다른 사람들은 어떻게 강의를 진행하는지 시장 조사를 해봤다. 대부분 한 달 아니면 원데이 클래스를 진행했다.

내 생에 강의는 처음이었던 터라 원데이 클래스를 선택했다. 그리고 다양한 사람들이 쉽게 접근할 수 있게 온라인 방식을 선택했다. 대신 강의 시간을 다양하게 편성해서 최대한 많은 사람이 들을 수 있도록 했다. 그다음으로 정해야 할 것은 바로 수업료였다. 대부분 최소 3만 원을 받고 있길래, 나는 그보다 더 가성비 좋은 1만 원으로 책정했다. (여담이지만 처음엔 5,000원으로 했다가 주변에서 너무 싸다고 해서 나름대로 올린 금액이었다) 왜냐하면 아직 내 강의가 검증되지 않았기 때문에 무리하게 비용을 정하고 싶진 않았다.

퇴근 후, 당장 카페로 갔다. 그리고 〈YES릴스 클래스〉라는 릴스 편집 원데이 클래스를 모집하는 피드를 만들기 시작했다. 매일 만들던 릴스도 편집하고, 모집 피드도 만들고 나니 밤 11시 40분이었다. 당장 올려야 내가 계획한 모집 기간에 딱 맞아떨어졌다. (지금 생각해보면 모집 기간을 늘리면 될 것을…. 융통성이 없었던 과거의 나…) 결국 자정이 거의 다 되어서야 모집 피드를 업로드 하게 됐다. 그런데 올리자마자 생각지도 못했던 일이 벌어졌다!

Tip

인스타 콘텐츠 올리는 시간이 따로 있다?

‘콘텐츠 언제 올려야 좋아요?’ 인스타 콘텐츠를 올릴 때, 사람들이 가장 많이 묻는 질문이다. 언제 올려야 좋은 시간은 따로 없다. 이건 계정마다 다르기 때문이다. [프로페셔널 대시보드]에서 총 팔로워 탭을 클릭해보자. 맨 하단에 팔로워 활동 시간이 있다. 이 시간대를 참고해서 올려도 좋다. 중요한 건 사람들이 인스타 사용을 비교적 적게 하는 자정 이후부터 새벽에는 업로드를 피하는 게 더 유리하다.

갑자기 폰이 미친 듯이 진동했다. 나는 순간 전화가 온 줄 알았다. 아니었다. 내 계좌 입금 알람이었다. 실시간으로 ‘10,000원 입금’ 팝업 알람이 윙~윙~윙~ 진동 소리와 함께 올라오기 시작했다. 릴스가 터지고 좋아요&팔로워 수가 실시간으로 마구 떴던 팝업 알림과는 또 다른 짜릿한 경험이었다. 그래서 총 몇 명이 수강했을까?

"119명"

직장만 다니던 내가 처음으로 연 강의에 무려 120명에 가까운 사람들이 신청해 주었다. (실제로 지인이 나중에 추가 신청해서 정확히는 120명으로 마감했다) 모집이 끝나고, 단톡방을 만들고 119명을 한 명 한

명 다 초대하는 것도 일이었지만, 처음 해보는 일이라 일련의 과정
들이 다 재밌었다. 주말에 시간대별로 총 6타임을 진행했다. 강의가
끝나고 나서는 감사하게도 후기들이 넘쳐났다. 이후에도 강의를 또
열어 달라는 문의가 매우 많았다. 사람들의 요청에 자신감을 얻고,
다음 강의 준비와 운영에 더 정성을 들였다. 강의를 듣는 사람들이
더 쉽게 이해하고 따라 할 수 있도록, 강의 이후에 챌린지를 추가해
서 릴스 피드백도 진행하기 시작했다.

거래내역

거래내역조회 인쇄	영문거래내역조회 인쇄				보고서인쇄	파일저장	검색취소	10개 보기	∨

조회결과 2023.01.04 ~ 2023.01.13 [총 119건] 기준일시 : 2023.01.16 14:26:36

입금합계 (건수)	1,190,000 원 (119 건)	출금합계 (건수)	0 원 (0 건)

거래일자 ⇅	거래시간 ⇅	적요 ⇅	출금(원) ⇅	입금(원) ⇅	내용 ⇅	잔액(원) ⇅	거래점 ⇅
2023-01-13	18:52:10	타행MB		10,000			
2023-01-13	16:09:28	타행IB		10,000			
2023-01-13	01:06:33	타행MB		10,000			
2023-01-12	11:15:24	타행IB		10,000			
2023-01-12	02:38:05	FB이체		10,000			

팔로워가 빠지기 시작했을 때 기획했던 습관 챌린지 〈49LOOP〉
는 인스타그램 릴스 강의를 시작할 수 있는 발판이 되어 주었다. 또
한, 작게 시작했던 첫 릴스 클래스인 〈YES릴스 클래스〉는 현재의 구
조로 확장할 수 있게 해 준 중요한 연결 고리가 되었다. 이 경험을 통
해 나는 두 가지를 배웠다. 첫째, 내가 경험한 긍정적인 성과를 남들
과 나누면 예상치 못한 더 큰 성과를 얻을 수 있다는 점이다. 주변의

긍정적인 피드백을 지나치지 말자. 그리고 작은 성공을 쌓아서 자신감을 키우다 보면 더 큰 도전에 나설 수 있는 발판이 된다. 둘째, 가치 있는 경험으로부터 나온 지식은 사람들이 기꺼이 비용을 지불한다는 사실이다. 가성비 좋은 강의라는 점은 처음엔 중요한 차별화 포인트였지만, 점차 강의 자체의 질과 만족도가 더 큰 영향을 미쳤다. 결국 진정성 있는 준비와 실행이 사람들을 꾸준히 그리고 강하게 끌어당기는 힘이 된다.

인스타 시작한 지
5개월 만에
순수익 450만 원

'와! 인스타 수익화…. 이게 진짜 되는구나!'

2023년 1월, 직장 생활만 하던 30대 회사원이 처음으로 인스타로만 순수익 450만 원을 벌게 됐다. 생애 첫 온라인 강의였던 'YES릴스 원데이 클래스'를 마치고 나서 강의 문의가 빗발쳤다. 바로 그다음 정규 강의를 열게 됐고, 그게 '긍필스쿨'이었다. 사람들의 강의 문의가 최고치일 때 바로 열어야 좋겠다는 판단이었다. 수업 강좌명은 긍정필터를 줄인 '긍필'로 간단하게 짓고 바로 오픈했다.

첫 번째 챌린지 모임이었던 〈49LOOP〉는 해가 바뀌며 종료되었지만, 기존 챌린지 멤버들로부터 다음 챌린지를 진행해 달라는 요청이 이어졌다. 그래서 '긍정글적 챌린지'라는 습관 챌린지를 '긍필스쿨'과 함께 오픈하며 그달에만 210명의 수강생과 함께 했다. 불과 5개월 전만 해도 직장과 집만 오가던 내가, 퇴근 후에는 수업 준비하랴 챌린지 모임 운영하랴 정말 눈코 뜰 새 없이 바빴다. 그래도 정말 행복했다. 무엇보다 200명이 넘는 분들에게 인스타를 키우며 얻은 나의 지식을 공유하고, 함께 성장하는 수강생들을 실시간으로 지켜보니 정말 뿌듯했다. 결과적으로, 내가 인스타를 시작한 목적을 처음으로 달성한 달이었다. 그 이후로는 월 현금 흐름이 450만 원 이하로 떨어진 적 없이 꾸준히 상승했다.

'N잡 수익 100만 원 만들기'

인스타를 처음 시작한 2달 차에 적었던 내 목표였다. 맘 같아선 이때 '목표 월 1,000만 원!!'이라고 적고 싶었다. (처음에 월 천은 생각도 않았지만 인터넷에 온라인 수익화를 검색해보면 다들 '월 천'을 외치길래 나도 한 번은 해보고 싶은 맘이 생기더라) 인스타로 대박 나서 빚도 갚고 월급 이외의 든든한 현금 흐름을 만들어서 저축도 하고 싶은 게 내 꿈이었기 때문이다. 하지만 막상 2달 해보니 생각만큼 쉽지 않았다.

그런데 지금 돌이켜보면 쉬운 게 맞다. 인스타 1도 할 줄 몰랐던 평범한 30대 직장인인 나도 비교적 빠르게 수익화를 이뤘으니 말이다. 하지만 '빠르다'는 기준은 각자 명확히 설정해야 한다. 그래야 온라인 수익화를 꾸준히 유지하고 확장할 수 있다. 무엇보다, 도중에 포기하지 않고 끝까지 갈 수 있는 동력이 되기도 한다. 처음 온라인 수익화 시장을 접하면 왠지 한두 달 만에 뭔가 마법처럼 짠! 하고 저절로 잘될 거 같은 기분이 든다. 내가 그랬다. 인스타 한두 달 운영했는데 갑자기 터져서 팔로워 5만이 되고, 바로 수익화하는 그런 상상 말이다.

 실제로 해보면 나처럼 수익화할 아이템이 1도 없는 직장인인 경우, 최소 5~6개월이라는 시간이 걸린다. 이 기간이 길어 보일 수도 짧아 보일 수도 있다. 개인적으로 나는 이 기간이 말도 안 되게 짧다고 생각한다. 내가 취업해서 200만 원대 첫 월급을 받기 시작한 나이가 20대 끝자락이었다. 그동안 들인 대학 등록금, 취업 준비 비용과 시간까지 합하면 엄청난 시간과 투자금이 들어갔다. 그 엄청난 노력의 결과물이 월급 210만 원이었다. 이에 반해 인스타는 무료 어플이기 때문에 투자금이 0원이었고, 투입한 시간은 퇴근 후 평균 3~4시간이 전부였다. 더군다나 인스타를 보면 날고 기는 전문가들이 매일 쏟아진다. 거기에서 나는 이제 인스타 어플 깔고 시작한 30대 '인알못' 직장인이었다. 그런데 이런 나도 최소 5~6개월만 투자했더니 월급의 2배 이상을 벌게 됐다. 정말 수익화 가성비의 끝판왕이다.

지금 이 글을 읽는 독자님이 어느 분야의 전문가라면 나보다 훨씬 더 빠르게 그리고 많이 수익화를 할 수 있을 것이다. 나 같은 평범한 사람들도 반년도 채 안 걸려서 수익화가 가능할 것이다. 왜냐면 우리는 기존의 수익화 방법이 아닌 새로운 온라인 수익화, 그것도 무료로 빠르게 시작할 수 있는 '인스타그램'이라는 가성비 끝판왕의 플랫폼을 선택했기 때문이다. 대부분 사람들이 인스타를 시작할 때 자신 없어 한다. 대개 '인스타그램 어플을 사용한 적이 없어서', '혹은 내가 줄 가치나 정보가 없어서'가 그 이유다. 그럴 때마다 인스타 1도 몰랐던 30대 직장인인 나도 해낸 걸 보고 용기를 얻고 시작해보길 바란다. 장담컨대 5~6개월만 꾸준히 멈추지 않고 실천하면 나보다 훨씬 더 좋은 결과를 빠르게 얻을 수 있을 것이다.

다들 한다는
'월 1,000만 원',
이게 진짜 됐다..!

'온라인 수익화'라는 단어를 유튜브에 쳐보면 심심찮게 나오는 단어가 있다.

'월천대사'

처음엔 월천대사가 무슨 말인가 했다. 인스타그램 플랫폼 등을 활용해 온라인 비즈니스로 '월 1,000만 원'을 번 사람을 지칭하는 말이었다. 처음에는 나와 완전히 동떨어진 이야기라고 생각했다. 월급 앞자리 수가 3으로 바뀌는 것도 까마득한데, 백의 자리가 아닌 천의 자리 수익이라니…. 월 200만 원대 월급쟁이 직장인의 시선으로 볼 때는 허황된 꿈같았다. 그런데 환경이 사람을 바꾼다고 했던가. 인스타그램을 하면서 '월천대사 됐다', '월 1,000만 원 범', '이번 달 월 3,000만 원 찍음' 등과 같은 말들이 계속해서 주변에서 들려왔다. 그러다 보니 딴 세상 사람들 이야기 같았던 월 천만 원 수익화가 왠지 나도 도전하면 될 것만 같은 충분히 가능한 영역으로 인식됐다. 그 과정에서 450만 원이라는 월급 이외의 사이드 수입을 벌게 되자, 그 가능성에 대한 인식은 점차 확신으로 바뀌었다. 그리고 첫 수익화를 이뤄낸 지 5개월 만에 나는 남들이 말하는 그 '월 1,000만 원'을 벌었다. 내가 할 수 있다고 믿고 도전하고, 스스로 증명해냈기에 인스타로 N잡 하면서 가장 뿌듯한 순간이었다.

물론 도전 의식 하나만으로 월 1,000만 원을 번 건 아니다. 450만 원 첫 수익화를 했을 때는 인스타그램 하나만으로도 충분했다. 하지만 1,000만 원 온라인 수익화는 인스타그램 이외에도 다룰 줄 아는 툴이 필요하다. 특히 온라인 지식 창업으로 빠르게 수익화하고 싶은 사람이라면 다음 3가지는 반드시 익혀두면 좋다. 지금 내가 알려줄 이 3가지 툴도 인스타그램 앱처럼 모두 무료로 쓸 수 있다.

첫 번째는 내 상품을 홍보할 '상세 페이지'를 만들어야 한다. 물론 인스타그램 카드 뉴스나 릴스를 통해서 내 상품을 홍보할 수는 있다. 하지만 객단가가 높아질수록 사람을 설득할 '정보'가 필요하고, 그 정보는 나열이 아닌 '스토리'로 풀어야 더 설득력이 생긴다. 상세 페이지 구성도 단순히 글로만 풀면 안 된다. 예를 들어, 2025년 새해에 다이어리를 산다고 가정해 보자. 먼저 네이버에 '2025년 다이어리'라고 검색부터 할 것이다. 그리고 맘에 드는 상품을 바로 구매할까?

아니다. 상세 페이지에 가서 제품의 이미지와 속지 사진 등을 보고 내가 원하는 다이어리인지 판단 후 구매를 결정하게 된다. 우리가 인스타그램에서 상품을 판매할 때도 상세 페이지를 통한 설득 과정이 필요하다. 객단가가 높아질수록 필수다. 그럼 '상세 페이지를 만들려면 사이트를 만들어야 하는 건가?'라는 생각이 들 것이다. 처

음부터 비용을 지불하면서 사이트를 만들 필요는 없다. 우리에겐 무료 상세 페이지를 쓸 수 있는 온라인 플랫폼이 있다. 바로 네이버 블로그다. 나는 인스타그램 릴스로 내 상품을 홍보한 후, 블로그 상세 페이지로 유입시킨다. 이렇게 하면 사람들이 내 상품에 대한 더 구체적인 정보를 얻게 되기 때문에 결과적으로 내가 겨냥한 목표 고객들을 더 많이 확보할 수 있게 된다.

두 번째는 목표 고객들을 최종 유입시키는 '오픈 카톡방'이다. 블로그 상세 페이지로 사람들을 설득했다면, 이제 한 공간으로 모을 차례다. 이 공간이 바로 오픈 카톡방이다. 줄여서 '오카방'이라고 불리는 이 플랫폼은 카카오톡으로, 역시나 '무료'로 활용이 가능하다. 카카오톡을 열어서 우측 상단에 [새로운 채팅] 메뉴를 클릭해서 [오픈 채팅]을 선택해서 만들면 된다. 여기서 주의할 사항은 2가지다. 첫째, 오카방 한 개에 최대 1,500명까지 모을 수 있기 때문에 첫 번째 방 인원이 다 차면 두 번째 방을 만들어서 내 목표 고객을 지속해서 확장할 수 있다. 둘째, 오카방 특성상 익명의 불특정 다수가 들어온다. 따라서 내 오카방의 자체 규칙을 만들어서 공지를 반드시 걸어 두자. 그래야 소위 '빌런'을 빠르게 거르고 안정적으로 단톡방을 운영할 수 있을 것이다.

세 번째는 고객의 데이터를 모으는 '구글폼'이다. 오카방에 모인 사람들은 내 상세 페이지를 보고 들어온 고객들이기 때문에 높은 확률로 구매 의사가 있는 고객층이다. 따라서 내가 무료 특강이나 무료 이벤트를 진행했을 때, 이 사람들이 유료 상품을 구매할 확률이 높다. 이때 신청서를 받아서 구매로 전환을 시켜야 하는데, 이때 사용하는 신청 폼이 바로 구글폼이다.

구글에서 [Form]이라는 메뉴를 클릭하면 이렇게 무료로 신청서를 만들 수 있다. 내가 필요한 정보들을 기재한 후, 신청서 링크를 만들어서 고객에게 공유하면 된다. 구글폼 링크는 우측 상단에 [보내기] 버튼을 누르고, 링크 버튼을 누른 뒤 URL을 복사하면 된다. 여기서 주의할 점은 반드시 'URL 단축' 체크 박스를 활성화한 후, 링크를 복사해야 한다는 것이다. 안 그러면 URL이 너무 길어져서 지저분하기도 하고 자칫 스팸 링크처럼 보일 수도 있다.

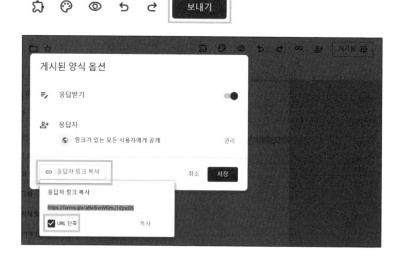

이 챕터를 읽었다면 '월천대사'가 더 이상 남의 이야기가 아니다. 효율적인 전략과 빠른 실행만 있다면 누구나 도전할 수 있는 충분히 현실적인 목표다. 월 1,000만 원을 벌기 위해 필요한 건 단순히 열정만은 아니다. 고객을 설득하고 관계를 이어갈 수 있는 툴과 체계가 필요하다. 상세 페이지로 신뢰를 쌓고, 오픈 채팅방으로 사람들을 모아 관계를 만들고, 구글폼으로 최종 고객을 유입하고 데이터를 관리하는 과정은 내가 직접 경험하고 검증한 효과적인 방법이다. 게다가 내가 말한 3가지 툴은 전부 다 무료로 쓸 수 있다. 인스타그램을 운영하면서 이 툴까지 제대로 활용하면 내 상품을 더많은 고객에게 전달할 수 있고, 결국에는 내가 원하던 수익화까지 빠르게 이뤄낼 수 있다.

"퇴근하고 뭐 하세요?" 저는 인스타로 돈 법니다

"긍필님 대학교 특강 나가보실래요?"

와.. 대학교에서 강연이라니…! '평범한 사람도 인스타 브랜딩을 통해 수익화까지 할 수 있다'는 내 실제 경험담을 릴스로 만들어서 공유했을 뿐인데, 대학교에서 온라인 지식 창업 특강을 해달라는 제안이 들어왔다. 인스타를 시작한 지 햇수로 3년 차인 나에게 대학 강단에 설 수 있는 기회가 오다니! 인스타그램 시작하길 잘했다는 생각이 들면서 감회가 새로웠다. 어찌 보면 32살에 직장만 다녔던 특별한 역량 하나 없는 사람이어서 인스타를 시작할 때 누구보다 막막했었다.

그런데 지금은 그 막막했던 인스타그램 덕에 내 인생이 180도 달라졌다. 집-회사-집-회사였던 단조로운 생활 패턴에서 이젠 집-회사-인스타 비즈니스-강연 등으로 내 활동 범위가 엄청나게 확장됐다. 활동 범위가 확장될수록 더 많은 사람에게 단순히 직장을 넘어 퍼스널 브랜딩을 통해 수익화하는 방법을 전할 수 있다. 과거의 나처럼 인스타그램이라는 엄청난 기회를 모르는 분들이나, 인스타를 알지만 막상 시작하기 두려워하는 분들에게 시작할 수 있는 용기와 노하우를 전할 수 있게 된 것이다.

대학교 강의는 매년 정기적으로 나가고 있다. 올해만 벌써 두 번째다. 강의를 하러 갈 때마다 '온라인 비즈니스를 20대 초반부터 알고 시작할 수 있다니 정말 부럽다'라는 생각이 절로 든다. 내가 대학 다니던 시절에는 '온라인 수익화', '지식 창업' 같은 단어가 없었다. (아마 있었어도 나는 취업에 매몰돼서 알아보지도 못했을 거다) 만약 내가 대학생 때 이런 강의를 들었다면 얼마나 좋았을까? 그리고 그때 알아듣고 20대부터 SNS를 시작했다면 얼마나 좋았을까? 라는 생각을 한다.

하지만 30대 초반에라도 내가 '온라인 수익화'를 알게 되어 인스타그램을 시작한 것에 정말 감사하다. 당시는 힘들었지만, 부수입이 절실했던 그때의 상황에도 감사하다. 만약 평탄하게 직장 생활만 해도 별문제 없이 잘 살았다면 나는 영영 인스타그램을 하지 않았을 것이다. 경제적으로 급격히 나빠진 가정환경과 난생처음 진 빚 탓에 평범한 직장인의 삶에서 주체적인 1인 사업가로 레벨업 할 수 있었다. 직장인 신분으로는 몇 년 걸려야 갚을 수 있는 빚도 인스타그램 덕에 비교적 빨리 다 갚을 수 있었다.

직장 다니면서 퇴근 후 자유 시간을 그저 인스타그램 키우는 데 썼을 뿐인데… 돌아온 보상은 엄청나다. '긍정필터' 자체가 브랜딩이 되어 네이버에 검색하면 나오는 인물이 되었다. 브랜딩이 되니 대학교와 단체에서 강연 문의가 꾸준히 들어온다. 그리고 수익화다. 현재 대리 직급으로는 절대 넘볼 수 없는 억대 연봉을 순수 인스타그램 비즈니스로 벌고 있다. 지금까지 직장만 다녔다면 절대 얻을 수 없을 기회들이다. 인스타그램을 통해 여러분도 이런 기회를 빠르게 내 것으로 만들고 싶다면 다음 2가지를 꼭 세팅해 두자.

첫 번째는 '하이라이트'다. 많은 사람이 릴스 콘텐츠에 집중하느라 하이라이트를 올리지 않는다. 하이라이트는 내 계정에 대한 아이템, 성과, 그리고 어떤 혜택을 주는지 빠르게 보여주는 '포트폴리오' 같은 역할을 한다. 즉, 내 계정을 간단히 소개하는 '자기소개서'같은 것이다. 따라서 내 계정이 무엇인지를 빠르게 보여줄 하이라이트에서 다음 3가지 항목은 필수다.

1) 내 아이템: 내가 제공하는 가치/정보
2) 성과 : 나의 성과 혹은 고객 후기, 수강생 성과 등
3) 이벤트: 무료 혹은 유료로 제공하는 이벤트

계정 활성화를 위해서는 특히 3번 이벤트 부분을 주기적으로 진

행하면 좋다. 릴스로 이벤트 홍보 콘텐츠를 만들고, 해당 릴스를 바로 스토리로 공유한 후 하이라이트로 쌓아 두는 걸 추천한다.

두 번째가 진짜 중요한데 바로 '프로필 링크'다. 프로필 링크는 2개 이상의 링크를 인스타 프로필 하단에 넣어야 할 때 요긴하다. 물론 인스타에는 링크를 최대 5개까지 넣을 수 있다. 하지만 그렇게 되면 클릭을 2번 이상 해야 하는 번거로움이 있어서 이탈이 생긴다. 따라서 여러 개의 링크를 하나의 링크 사이트에 다 담을 수 있는 '프로필 링크'를 만들어서 프로필 하단에 꼭 넣어 두자. 브랜딩에도 프로필 링크가 깔끔해서 더 좋다. 프로필 링크는 리틀리, 인포크, 링크트리 등 다양하다. 개인적으로는 직관적으로 쉽게 만들 수 있는 리틀리를 추천한다. 만약 공구를 진행한다면 공구 일정 등을 더 직관적으로 보여줄 수 있는 인포크 사이트에서 만들기를 추천한다.

프로필 하단에 프로필 링크를 통해서 외부 링크를 넣어야 하는 이유는 명확하다. 수익화를 위해서다. 앞서 말했듯이 인스타 릴스는 짧은 길이의 영상에 강력한 후킹을 넣어서 만들기 때문에 깊은 내용을 전달하기에 한계가 있다. 따라서 릴스로 후킹하고 그 이후에 상세페이지, 1:1 개인 톡, 오픈 단톡방, 자체 사이트 등 '나 혹은 내 상품을 더 알아볼 수 있는 링크'로 유입시켜야 하는 것이 수익화 단계 중하나다. 따라서 이제 인스타를 시작하는 사람도 반드시 외부 링크를 만들어서 수익화 통로를 세팅하길 추천한다. 일례로, 수강생 중 한

분은 팔로워가 7명인 상황에서 내 조언대로 문의 링크를 넣은 후 강의 문의가 왔었고, 실제로 강의를 열기도 했다. 팔로워가 적다고 잠재 고객이 없는 게 절대 아니라는 것을 증명한다. 팔로워 숫자에 상관없이 프로필 링크는 반드시 세팅해서 내 잠재 고객을 떠나보내는 일은 절대 없어야 한다.

인스타그램 수익화는 단순히 콘텐츠를 올리는 걸 넘어 내 라이프스타일을 긍정적으로 완전히 뒤바꿔준 계기가 되었다. 나도 처음엔 아무것도 몰랐다. 32살, 회사와 집을 반복하며 특별한 역량 하나 없던 내가 인스타그램을 시작할 때는 막막하기만 했다. 그런데 그 막막했던 첫 시작이 내 인생을 180도 바꿔 놓았다. 직장 다니며 퇴근 후 시간을 활용해 조금씩 계정을 키웠을 뿐인데, 그 노력이 쌓여 지금은 대학 강단에서 강연하고, 직장인 신분으론 꿈꿀 수 없던 대기업 임원 연봉을 벌고 있다. 인스타그램은 나에게 기회를 주었다. 막연했던 시작이 점차 확신으로 바뀌었고, 내가 쌓아온 경험과 노하우는 내 브랜드가 되었다.

그 결과 '긍정필터'라는 이름은 단순한 계정을 넘어 누군가에게 동기 부여가 되고, 브랜딩과 수익화의 사례가 되었다. 하이라이트와 프로필 링크처럼 간단한 세팅 하나도 온라인에서는 잠재 고객을 붙잡는 중요한 매개체가 된다. 이 작은 디테일들이 쌓여서 엄청난 기회를 주는 공간이 바로 인스타그램이다. 여러분도 절대 늦지 않았다. 2025년 제대로 시작만 한다면, 인스타그램은 우리가 상상하는 그 이상의 기회를 줄 것이다. 남이 규정한 삶이 아닌, 내가 주체적으로 사는 라이프스타일을 꿈꾼다면 오늘부터 딱 한 달만이라도 인스타 시작해 보길 진심으로 응원한다. 아자아자:)

2

최행부

"최행부"는 누구?

"직장 다니며 시작한 30분 부업으로 월급만큼 벌고 퇴사한 최
행부입니다"

최행부는 "최고로 행복한 부자"라는 의미의 활동명이다. 현재 단기 임대, 에어비앤비, 렌탈 스튜디오, 세미나실 공간 사업을 하고 있다. 이렇게 나열하면 원래부터 사업을 여러 채 해본 사람같이 보일 수 있지만, 첫 시작은 직장다니면서 부수입 50만 원만 더 벌고자 시작했던 부업이었다.

"월 300만 원만 만들면 퇴사하기 위해 시도한 부업으로 먹고삽니다."

이전부터 이것저것 시도해 봤던 부업은 모조리 실패하고 2019년 6월, 처음 공간 대여업이라는 것을 시작했다. 나는 그릇이 크지 못해서 부자는 모르겠고 그냥 지금 당장 내 월급보다 더 벌 수 있는 부업을 찾아서 딱 월 300만 원만 만들면 퇴사하는 게 목표였다. 누군가 그러더라, 사업한다고 퇴사 먼저하면 돌아가기 쉽다고… 퇴사라는 목표를 세우고 월 300만 원의 현금 흐름을 만들 때까지 이 악물고 버티며 나의 머니 파이프를 키웠다.

그렇게 직장과 공간 부업을 병행한 결과? '월 50만 원만 더 벌었으면 좋겠다.'라는 생각으로 시작했던 나의 공간 사업은 월 천만 원의 현금 흐름이라는 결과를 만들었다. 그토록 바라던 퇴사를 할 수 있게 된 것이다.

이런 경험담을 기록용으로 올리던 블로그는 좋은 반응을 얻게 되었고, 그 길로 나처럼 퇴사가 간절해서 부수입을 50~100만 원 만들고 싶은 사람들에게 알려줬다.

나는 굉장히 불 같고 냄비 같은 성질을 가져서 재미가 없으면 금방 식어버리는 성격이다. 이 성격으로 할 수 있는 부업을 찾기는 여간 어려운 것이 아니었다. 온라인 부업으로 유명한 블로그, 유튜브, 유통업 등 시도한 것은 모두 실패했다.

그중에 끈기 없이 빠르게 시도해서 빠른 현금 흐름을 만들 수 있는 부업은 단연 "공간 대여업"이라고 생각한다. 많은 시간은 필요 없다. 노력을 많이 해야 하는 건, 포기하기 쉽게 만드는 장치일 뿐이다. 나처럼 단시간 빠른 현금 흐름을 만들어서 퇴사하고 싶은 분들을 위해, 시간 순서대로 구체적으로 하나씩 모두 풀어볼 예정이다.

이 글을 읽는 독자님이 당장 빠르게 만들 수 있는 현금 흐름이 간절하다면, 꼭 이 책을 처음부터 끝까지 정독해 보시길 바란다. 내가 어디에서도 꼼꼼하게 이야기 못했던 나만의 시행착오 꿀팁을 모두 담았다. 혹시 독자님 중에 읽기도 전에 "나는 못 할 거야"라고 심리적 허들을 느끼는 분이 계신다면 이야기하고 싶다. 내가 이야기하는 방법을 적용해서 "60대"도 해냈다. 당연히 독자님도 해낼 수 있다.

Part 1

월급 외 부수입
딱 50만 원

저는 돈보다 꿈을 이루고 싶은데요?

'취업이 잘되는 학과'

고등학교 시절, 대학 진학을 위해 우리는 모두 자신의 전공을 선택한다. 친구들은 대부분 졸업 후 취업이 잘되는 학과를 선택하기 위한 현실적인 고민을 했다. 간호학과, 유아교육학과, 작업치료학과 등이 대표적이었다. 하지만 나는 어딘가 반골 기질이 있어서 그런지, 취업을 좇아 학과를 정하는 일이 굉장히 멋없게 느껴졌다.

"나는 돈은 필요 없고, 꿈을 좇을 거야. 영화감독"

내가 다니던 고등학교 최초로 혼자 영화 입시를 준비했다. 아마 이때부터 남들과 다른 특별한 삶을 꿈꾼 것 같다. 물론 아무런 정보 없이 시작한 영화 입시는 실패하고 다른 학과를 전공했지만, 20살부터 독립영화 경력을 쌓으면서 상업 영화 취직을 기도하며 20대 초반을 보냈다.

'150만 원 / 15시간'

나의 첫 월급과 노동 시간이었다. 어떻게 보면 당연한 결과였다. 나는 영화감독이 된다는 꿈만 좇고 돈을 좇지 않았으니 150만 원이라는 월급을 받은 것이다. 이때 나이 21살, 꿈만 꾸던 일을 현실로 해보니 환상은 깨졌다. 나의 상사는 항상 근육통에 시달렸고, 암묵적인 쉬는 시간인 담배 타임에 비흡연자인 나는 끼지 못했다. 그래서 혼자 화장실에 쭈그려 앉아서 쉬었다.

또 하나, 지방 촬영이 많아서 집에는 거의 못 갔다. 이 부분은 참 나를 힘들게 했다. 개인 시간은 거의 없는, 계속되는 단체 생활. 매일같이 가면을 쓰고 일하는 느낌이었다. 그 노동의 대가가 "150만 원"이었다. 이때 깨달은 점이 있었다. "나는 진짜 영화감독이 되고 싶은 게 아니었구나". 이때 영화 일을 관두고 나를 돌아보는 시간을 가졌다. 고등학교 3년과 20대 초반, 남들은 열심히 스펙을 쌓을 때, 영화 경력만 쌓은 나는 돌아갈 곳이 보이지 않았다.

"이제 내 인생 어쩌지?"

물론 영화를 정말 좋아했고, 현장에서 일하는 것도 즐거웠다. 하지만 하루 15시간씩 일하면서 '열정 페이'만 받으며 지속하기엔 한계가 있었다. 되돌아보면 입시 전쟁 속에서 치열하게 공부할 자신이 없어서 "나는 영화감독이 될 거야. 입시는 필요 없어"라고 도피했었던 것 같다.

22살에 나는 다시 시작해야 했다. 하지만 사람은 실수를 반복하는 존재가 아닌가? 한국 입시에서 도망쳐서 영화 일을 선택했는데, 현실을 직시하지 않고 또다시 같은 실수를 반복했다.

'이번엔 해외로 도피'

당시 유행하던 말이 있었는데, 그건 바로 "헬조선"이라는 단어였다. 나도 동요되어서 이 나라가 문제고 한국을 떠나야겠다고 생각했다. 그렇게 해외 도피가 시작되었다. 23살부터 25살까지 약 2년 동안 해외에서 지냈다.

"나는 자유로운 영혼, 해외에선 잘 살 거야"

사실 이때가 인생에서 제일 행복했던 시기였다. 당시에는 호주에서 지냈는데, 바리스타를 하면서 외국인들과 일하는 게 되게 대단한 일이라고 착각하며 사대주의라는 뽕에 차 있었다. 돈도 꽤 많이 벌어서 통장에 돈이 쌓일 때마다 호주의 관광지를 여행했다. 이대로 호주에 정착해서 살아도 좋겠다는 생각이 들었다. 그러나 여기에서도 문제가 있었다. 그것은 바로 내가 이곳에서는 철저하게 외국인 노동자의 신분이었다는 것이다.

호주에 정착하기 위해선 영주권을 따야 하는데, 3년 넘게 준비해도 영주권을 따지 못하고 떠나는 사람들이 많았다. 가장 쉬운 방법은 호주 영주권자와 결혼하는 것인데, 그러려면 한인 교회 같은 곳에 가서 영주권을 가지고 있는 남자를 만나야 했다. 이게 너무 싫었다. 팔려 가는 사람 같았다.

"나라만 바뀌었을 뿐, 도피의 대가는 혹독했다"

결국 한국으로 돌아가기로 결심했다. 물론 해외 생활은 내 인생에 큰 변화를 가져다주었다. 한 번은 이런 일이 있었다. 내가 일하던 카페의 주인은 멋진 슈퍼카를 타고, 늘 여유로워 보였다. 처음에는 그가 원래부터 부자인 줄 알았지만, 사실 그는 시리아 난민 출신이었다. 홀몸으로 호주에 와서 사업을 일구고, 가족을 안정적으로 정착

시킨 사람이었다.

어느 날 카페가 한가해서 그에게 난민 출신으로 어떻게 호주에서 성공한 사업가가 되었는지 물어봤다. 그가 말해줬던 게 나에겐 참 충격이었다. "대부분의 사람이 계속 노동하는 노동 중독 상태에 빠져 있어. 하지만 나는 일을 하면서도 항상 사업할 준비를 하고 있었어. 너는 똑똑한 것 같은데 왜 네가 레버리지 당하는 것을 당연하게 생각해? 그것에서 벗어나려고 항상 노력해야 해"

'레버리지 당하는 삶?'

이때부터 내 삶의 태도가 변하기 시작했다. 나는 항상 취업이 당연하다고 생각하며 살아왔지만, 누군가를 위해 일하는 삶에서 벗어나야 진정한 자유를 얻을 수 있다는 점을 깨달았다. 그렇게 나는 '돈'과 '꿈' 중 하나를 선택해야 한다는 고민을 하다가, 노동자가 아닌 생산자의 삶을 선택하기로 했다. 시간적 자유를 목표로 삼으며, 처음으로 도피가 아닌 삶의 방향성을 정하고 한국으로 귀국했다.

회사에서 유령처럼 살기, 왕따를 선택하다

내 삶의 방향이 노동자에서 생산자로 변한 순간, 일의 직종은 더 이상 중요하지 않았다. 나는 어차피 언젠가 사업을 할 사람이었고, 지금은 그 사업을 위한 종잣돈을 모으는 단계라는 확신이 있었다. 그래서 "어차피 레버리지를 당할 거라면 가족에게 당하는 게 낫다" 는 결론을 내렸다.

한국에 귀국하자마자, 나는 아버지가 운영하시던 작은 프린터 가게에서 일할 수 있게 해달라고 졸랐다. 나중에 들은 이야기지만, 아버지는 내가 가게에서 일하는 것을 원하지 않으셨다고 한다. 그저

'3개월 정도 하다 말겠지'라는 마음으로 나를 받아주셨다고.

당시 가게에는 남자 직원 세 명이 있었는데, 내가 귀찮은 존재였음은 명백하다. 사장님의 딸이라는 이유로, 그들이 편하게 일하던 분위기를 흐트러트릴 감시자 같은 존재가 들어온 셈이었으니까.

가게에서 일하기로 한 첫날, 상사가 나에게 조언을 건넸다. "너 영어 잘하지 않냐? 근처 영어 학원에서 사람 뽑는다고 하던데, 한번 알아봐." 학원에 면접을 보고 돌아오는 길, 나는 문득 깨달았다. "나와 일하기 싫어서 영어 학원에서 면접을 보라고 추천한 거구나."

이 느낌은 착각이 아니었다. 그날 이후 지인을 통해 충격적인 이야기를 전해 들었기 때문이다. 사장이 'CCTV를 사무실에 달았다'고 은유적으로 나를 욕했다는 이야기였다. 직접적으로 내 이름을 거론하지 않았지만, 그 말의 뉘앙스는 명확했다. 내가 사무실에 들어온 이후로 그들의 불편함이 얼마나 컸는지를 알게 된 순간이었다.

그제야 모든 퍼즐이 맞춰졌다. 나를 위해 새로운 기회를 권한 게 아니라, 그들은 나와 함께 일하고 싶지 않았다. 사장님의 딸이라는 이유로, 그들에게 나는 감시자나 불편한 존재였을 뿐이었다.

다시 가게로 돌아온 뒤, 그들은 아무 말도 하지 않았지만 묘한 기운이 느껴졌다. "갈 줄 알았는데 안 갔네" 분위기였던 것 같다. 나는 속으로 다짐했다. "이번에는 내 계획대로 살 거야. 더 이상 남의 말에 휘둘리지 않을 거야." 실제로 해당 영어 학원은 몇 개월 안 가서

망했다.

하지만 나에게 이런 일은 단지 과정에 불과했다. 나는 이미 내 삶의 방향을 사업가로 정했기 때문에, 이곳에서 성취감을 느끼거나 커리어를 쌓는 것에는 관심이 없었다. 대신, 이 직장을 기반으로 나만의 사업 아이템을 고민하고 찾는 데 온 신경을 쏟았다.

하지만 현실은 녹록지 않았다. 함께 일하는 동료들에게 이야기하기엔 "일에 집중하지 않는 사람"으로 낙인이 찍힐까 봐 두려웠다. 그것도 당연한 것이 돈을 받고 일하러 온 직장에서 직장을 벗어가기 위한 사업의 꿈을 이야기한다니… 말도 안되는 일이었다. 결국 나는 내 속에 있는 열망을 어디에도 털어놓지 못한 채 답답함을 안고 살아야 했다.

'어떻게 하면 사업에 관심 있는 친구를 만들 수 있을까?'

당시 나는 한 가지를 분명히 깨달았다. 회사 생활을 잘하면서 동시에 내가 시작하려는 부업에도 성공하는 것은 불가능하다는 것. 그래서 회사에서 스스로 왕따를 자처하기로 했다. 더 이상 회사 사람들과 억지로 어울리지 않았고, 회식 자리도 자연스럽게 피했다. 대신, 퇴근 후에는 책을 읽기 시작했다.

책을 읽기 시작한 이유는 단순했다. 한 모임에 참여했을 때, 생산적인 사람들의 공통점을 느끼게 됐는데, 그것이 바로 독서였기 때문이다. 그들이 성공의 기반으로 삼았던 습관이라면, 나도 따라 해보자는 마음이었다.

처음엔 그저 억지로 책을 집어 들었다. 하지만 읽다 보니 내 삶이 조금씩 변화하는 게 느껴졌다. 책 속의 이야기와 지식이 답답했던 내 현실에 작은 균열을 만들었고, 그 틈으로 한 줄기 빛이 스며드는 것 같았다. 책 속의 저자는 나랑 말이 통한다는 생각이 들었다. 내 주변인을 바꾸는 계기였다.

이때 나는 〈부의 추월차선〉이라는 책을 읽고 큰 영감을 받았다. 빠르게 사업을 시작하고 싶다는 열망이 점점 강해졌다. 하지만 이런 열망을 잠시 멈추게 한 것은 당시 유행하던 'N잡 하는 허 대리'님의 유튜브였다. 해당 내용은 다음과 같았다.

"직장생활은 꼭 사업이 안정화될 때까지 지속할 것"

이때 나는 중요한 사실을 깨달았다. 사업한다고 종잣돈만 모아서 퇴사하면, 결국 금방 실패하고 다시 직장을 구하게 될 확률이 높다는 것. 왜냐하면, 사업이 성공하려면 생각보다 긴 시간이 걸리기 때문이다. 하지만 그 시간을 버티기 위한 자금이나 안정적인 기반이 없다면, 조급한 마음에 스스로 무너질 수밖에 없다. 그렇게 실패의 쓴맛을 본 뒤에는 어쩔 수 없이 또 다른 직장을 찾아야 하는 악순환에 빠지게 되는 것이다.

그때 나는 한 가지 결론에 도달했다. 사업은 직장생활을 하면서 부업으로 시작해야 리스크를 최소화하며 도전할 수 있다. 퇴사를 미루고 현재의 안정적인 수입을 유지하면서 사업의 가능성을 하나씩 점검해나가야 지속해서 버틸 힘을 얻을 수 있다.

지금 돌이켜보면, 이 깨달음은 내가 지금의 자리에 설 수 있었던 결정적인 계기가 됐다. 만약 그때 성급하게 퇴사하고 사업에만 매달렸다면, 아마 나는 연속적인 실패를 경험하며 지금의 안정적인 기반을 만들지 못했을 것이다. 그 순간의 깨달음이 내 삶의 방향을 바꾸었다. 현실과 이상 사이에서 균형을 잡고, 조급함 대신 꾸준함으로 길을 만들어 나가야 한다는 사실. 그것이 지금의 나를 있게 한 가장 큰 힘이었다.

왕따를 자처한 이후, 나는 회사 생활에서 유령처럼 존재하기로 마음먹었다. 해야 할 일은 정확히 해내되, 그 이상도 그 이하도 하지 않았다. 동료들과의 불필요한 교류나 에너지 소모를 줄이고, 철저히 내 역할에만 집중했다.

그렇게 회사에서 에너지를 최소로 소모하고, 퇴근 후 남은 시간을 온전히 나의 사이드 프로젝트에 몰입하는 데 쏟아부었다. 더 이상 회사는 나의 정체성이 아니었다. 내 진짜 삶은 퇴근 후에 시작되었고, 나의 시간과 열정은 내가 꿈꾸는 미래를 위해 사용되어야 했다.

그 과정에서 나는 내가 원하는 방향으로 삶을 설계해가는 즐거움을 느꼈다. 회사 생활은 나를 지탱하는 수단에 불과했고, 진짜 목표는 사이드 프로젝트를 통해 나의 길을 만들어가는 것이었다.

부업, 실패의 아이콘이 되다

삶의 방향성을 정하고 어떻게 시작하면 되는지도 배웠지만, 현실은 절대 녹록하지 않았다. 당시 성공을 이야기하던 성공한 사람들은 '하면 된다'는 말을 쏟아내며, 자신들도 평범하게 시작했다고 강조해 공감대를 얻었다.

"그럼 나도 할 수 있겠지."

하지만 막상 현실은 달랐다. 나는 수많은 부업에 도전을 했지만, 대부분 실패로 끝났다. 그 실패들의 공통적인 원인을 돌이켜보면 하나로 귀결된다. 바로 끈기 부족. 누구보다 열정적으로 도전했지만, 그 열정이 오래가지 못했다.

월 300만 원의 환상, 스마트 스토어

첫 도전은 스마트 스토어였다. 당시 유튜브에서 성공 사례가 넘쳐 났고, "월 300만 원 가능"이라는 말에 혹했다. 그러나 실제로 해보 니 예상보다 훨씬 힘들었다.

상품 소싱부터 배송 관리, 고객 응대까지 모든 걸 혼자 해야 했고, 처음엔 몇 가지 상품이 팔리긴 했지만, 매출은 미미했다. "왜 난 안 되지? 내가 뭔가 잘못하고 있나?" 하는 자책이 시작됐다. 내가 자책 했떤 가장 큰 이유는 남들은 다 잘하고 있는 것만 같았기 때문이다.

결국 1년간 시도해보다가 완전히 포기하게 되었다, 성과가 금방 나타나지 않자 흥미를 잃었다. 꾸준히 하다 보면 길이 열릴 수 있었 겠지만, 나는 결과가 더디자 지쳐버렸다. 1년간의 도전 끝에 스마트 스토어를 접으면서, 나는 "역시 난 이쪽은 안 되는구나"라고 단정 지 었다.

공인중개사, 지루함에 굴복하다

스마트 스토어 실패 후, 나는 부동산으로 눈을 돌렸다. "부동산은 돈이 된다." 그 말이 내 머릿속에 깊이 박혔다. 사실 이때 내가 정말 해야 했던 것은 부동산 임장을 다니고 소액으로라도 투자해보는 것 이었는데, 갑자기 공인중개사 자격증을 따면 도움이 되지 않을까?

싶어서 자격증에 도전했다.

두꺼운 교재와 방대한 암기량, 매일매일 공부해야 하는 반복된 일상이 나를 괴롭혔다. "이걸 언제 다 외우지?" 하는 생각에 압도되면서 점점 지쳤다. 게다가 공부는 눈에 보이는 성과가 없으니 더더욱 재미를 느낄 수 없었다.

지루함을 이겨낼 끈기가 부족했다. 몇 번의 시험에 도전해봤지만 결국 포기하면서, 나는 "공부 쪽은 안 되는구나"라고 또다시 결론 내렸다.

인생네컷 창업, 돈 앞에서 좌절하다

인생네컷 창업은 한때 내게 가장 유망하게 보였던 사업이었다. 셀프 사진 촬영 부스가 유행이었고, 내가 보기엔 이 트렌드를 잡으면 성공할 것 같았다.

그러나 문제는 초기 투자금. 기계부터 임대료 비용까지 계산해보니 예상보다 훨씬 많은 자금이 필요했다. 약 1억 원. 나는 대출을 받을 용기가 없었다.

"이건 너무 큰돈이 들어가. 나중에 할까?" 하며 주저했고, 그 주저함 속에서 트렌드는 점점 지나가 버렸다. 결국 시작도 못한 채 이 사업을 포기하게 됐다.

유튜브, 조회 수에 집착하다

다음으로 도전한 건 유튜브였다. 강아지와 함께하는 일상을 콘텐츠로 삼았는데, 처음 몇 개의 영상은 조회 수가 나쁘지 않았다. 그러나 곧 현실이 찾아왔다. 조회 수는 없고, 구독자는 늘지 않았다. "유튜브도 내 길이 아닌가?" 하는 회의감이 들었고, 매번 영상을 기획하고 편집하는 과정에 지쳐갔다. 일단 강아지는 사람이 아니라서 하라는 대로 하지도 않는다. 끈기 있게 이어갔더라면 결국 구독자가 늘고 채널이 성장했을 수도 있다. 하지만 나는 조회 수라는 눈에 보이는 결과에 너무 집착했고, 성과가 없자 곧바로 포기해버렸다.

블로그, 꾸준함의 부재

블로그 수익화도 비슷한 패턴이었다. 매일 글을 쓰고, 광고 수익을 올리겠다는 목표로 시작했지만, 결과는 달랐다. 글을 올려도 조회 수가 거의 나오지 않았고, 검색 엔진 최적화(SEO)가 뭔지도 모르던 나는 사람들이 내 블로그를 찾지 않는 이유를 제대로 분석하지 못했다. 결국 글을 꾸준히 쓰는 것이 고역처럼 느껴지면서, 또다시 중단하게 되었다.

블로그는 꾸준함이 생명인데, 나는 그 꾸준함을 유지하지 못했다.

이렇게 약 2년간 여러 번의 부업 시도에 실패하고, 있는 그대로 인정했다. "나는 끈기가 없다." 그래서 했던 것은 강제적 환경 세팅이었다. 강제적 환경 세팅하기란, 할 수밖에 없는 환경에 나를 집어넣는 것이다. 이 강제적 환경 세팅이야말로 나를 움직이게 하는 가장 효과적인 방법이라는 걸 깨달았기 때문이다.

뒤에서 더 자세히 설명하겠지만, 내가 처음 성과를 낸 사업은 공간 대여업이었다. 이 사업은 매달 고정적으로 나가는 월세가 있어서, 일하지 않으면 금전적으로 직접적인 손해를 보게 되는 구조였다. "어쩔 수 없이 해야만 하는 상황"이 나를 움직이게 했다. 그리고 바로 이 환경에서, 나는 비로소 성과를 내기 시작했다. 강제적 환경이 나를 끈기의 길로 이끌어준 것이다.

만약 내가 겪었던 수많은 실패담이 당신에게 공감되었다면, 이제부터 소개할 '내가 성공한 부업'에 주목하길 바란다. 나는 그동안의 실패를 통해 깨달은 교훈을 바탕으로, 마침내 제대로 된 방향을 찾아냈다. 그리고 그 방향이 어떻게 내 삶을 변화시켰는지 보여줄 준비가 되었다. 이제, 실패를 극복한 성공의 이야기를 시작한다.

2년간의 실패를 뒤집다,
처음 돈을 번 공간 대여 부업

처음 성과 낸
공간 대여 부업이란?

여러 가지 부업에 실패하고 나는 또다시 '내가 해볼 만한 부업이 없을까?'하고 유튜브를 찾아보기 시작했다. 당시에 신사임당 유튜버가 인터뷰 형태로 돈을 벌었다는 사람을 초청해서 부업을 소개했다. 그중에 에어비앤비로 돈을 벌었다는 한 주부의 성공담 영상이 내 눈길을 사로잡았다. 그의 말 한 마디 한 마디가 내게 새로운 가능성을 열어주는 것 같았다. "나도 할 수 있지 않을까?" 에어비앤비로 돈을 벌어본 적은 없지만, 해외여행을 많이 다니면서 이용해본 경험은 있었기 때문에 생소하지 않았다. 왠지 할 수 있을 것 같았다.

하지만 막상 알아보니 에어비앤비를 정식으로 시작하려면 "외국인 관광 도시 민박업"이라는 사업자등록증을 내야 숙박업을 운영할 수 있었다. 이에 관한 정보가 너무 없어서 시작하겠다는 마음을 먹기가 너무 어려웠다. 그래서 나는 조금 더 현실적인 방법으로 접근하기로 했다. 바로 단기 임대.

하지만 문제는, 이걸 알려주는 사람이 아무도 없었다는 것. 구체적으로 어디서부터 시작해야 할지 도무지 알 수 없었다. 그래서 나는 가장 기본적인 방법부터 시작했다. 도서관으로 달려가 관련된 책은 닥치는 대로 읽었다. 여기서 이 책을 읽는 독자님이 무언가 시작하려고 하는데 막막하다면, 이 꿀팁을 꼭 알려주고 싶다. 해당 분야의 책 5권만 읽으면 된다. 편파적으로 흩어져 있는 인터넷의 지식보다 정리가 잘 되어 있어서 빠르게 감을 잡기 좋다.

도서관에 있는 관련 도서는 모두 독파했지만, 이론만으로는 부족하다는 생각이 들었다. 그래서 돈을 내고 직접 체험해보기로 했다. 일부러 단기 임대를 잘 운영하는 숙소를 찾아가 묵으면서 호스트와 대화를 나눴다. "어떻게 시작하셨어요?" "처음에 뭐가 가장 어려웠나요?"라고 시작하는 법을 하나하나 물어봤다. 직접 경험한 호스트의 조언과 내가 얻은 정보들을 종합하면서, 나는 단기 임대를 시작할 자신감을 조금씩 얻을 수 있었다.

그 후 보증금 500만 원과 약 300만 원의 운영 준비금을 투자해, 작은 숙소를 꾸렸다. 필요한 물품을 준비하고, 사진을 찍어 등록하며, 어설프지만 첫 발걸음을 뗐다. 그리고 놀랍게도, 첫 달부터 평균 50만 원에서 80만 원의 수익이 꾸준히 들어오기 시작했다. 스마트 스토어나 블로그에서 실패했던 경험들과는 달리, 단기 임대는 나에게 성과를 보여줬다. "드디어 나도 해냈다."

내가 단기 임대로 첫 수익을 냈을 때, 그 기쁨은 지금도 잊을 수 없다. 그동안 여러 부업에 도전했지만, 실패의 연속이었고, 항상 막막함과 좌절감만 남았던 나에게 처음으로 눈에 보이는 결과가 찾아온 순간이었다. 하지만 이번 기쁨은 단순히 돈을 벌었다는 것 이상의 의미가 있었다. 이건 내가 생산자가 되겠다고 선택하고, 사업을 하겠다고 결심했던 그 선택을 현실로 만든 첫 성과였기 때문이다.

그동안 "언젠가 내가 해낼 거야"라고 스스로 다짐하며 달려왔지만, 실제로 그 목표를 현실로 이루는 것은 전혀 다른 차원의 일이었다. 그래서 첫 수익은 단순한 뿌듯함을 넘어, "나도 할 수 있다"는 자부심과 자신감을 안겨주는 큰 의미였다. 그날 나는 스스로를 칭찬했다. "너 진짜 해냈다." 처음으로 내가 선택한 길에서 결과를 만들어낸 내가 너무 자랑스러웠다. 이 기쁨은 내가 앞으로 더 큰 목표를 향해 나아갈 수 있는 원동력이 되었다.

지금까지 내가 단기 임대를 통해 성과를 낸 경험을 이야기했다. 하지만 여기서 끝이 아니다. 이제부터 내가 하는 공간 대여업이 무엇인지, 그리고 왜 이걸 추천하는지 구체적으로 알려주려고 한다.

공간 대여업이란?

공간 대여업은 말 그대로 공간을 꾸며 시간 단위로 대여하는 사업이다. 공간 대여업에는 2가지 종류가 있다. 공유 숙박업과 공간 대여업. 명칭이 비슷해 보이지만 하나는 숙박업이고, 하나는 대여업이라는 차이가 있다. 나는 둘 다 하고 있다. 쉽게 말해 다른 사람의 상가 또는 집을 월세 계약해서 목적에 맞게 세팅하여 빌려주고 수익을 창출하는 것을 말한다.

이걸 추천하는 이유? 끈기 없는 사람에게 딱!

솔직히 말해, 나는 성격이 급하고, 끈기가 부족한 사람이다. 꾸준히 무언가를 해서 느린 속도로 성과를 내는 것은 나와 맞지 않았다. 그런데 공간 대여업은 한번 잘 세팅하면, 내가 직접 관여하지 않아도 현금 흐름이 만들어지는 환경을 빠르게 구축할 수 있는 사업이었다. 공간을 꾸미고 인테리어를 마친 뒤에는 예약 시스템을 통해 운영하면 된다. 초기 작업만 잘 끝내면 이후에는 관리에 많은 시간과 노력이 들지 않는다. 이 점은 끈기가 부족하고 성격이 급한 나에게 딱 맞는 선택이었다.

하지만, 장점만 있는 건 아니다

그렇다고 공간 대여업이 완벽한 사업은 아니다. 억대 매출을 내기엔 한계가 있는 구조다. 공간의 크기나 위치, 수요에 따라 수익이 제한적일 수 있다. 공간 대여업에서 억대 매출을 내기 위해선 억대 투자금이 들 수밖에 없다. 다만, 이 사업은 직장을 다니면서 부업으로 운영하기에 매우 적합하다. 초기 세팅만 잘해두면 한 달에 50만 원에서, 많게는 300만 원까지 추가 수익을 기대할 수 있다.

> **Tip**
>
> **이런 사람에게 추천!**
> - 끈기 없이 매일 무언가를 지속하기 힘든 사람
> - 초기 세팅만 하고 꾸준히 현금 흐름을 얻고 싶은 사람
> - 직장을 다니며 부담 없이 추가 수익을 만들고 싶은 사람

공간 대여업은 이런 사람들에게 최적화된 부업이다. 이제부터 내가 이 사업을 어떻게 시작하고, 운영하며, 성공적인 현금 흐름을 만들었는지 구체적으로 설명해보겠다. 궁금하다면 계속 읽어 보라.

단돈 150만 원으로 시작하는 단기 임대

에어비앤비를 할까 했을 땐 창업 경험이 없었던 터라 막연한 두려움이 앞섰다. 그래서 투자금 부담이 적은 단기 임대부터 시작하기로 했다. 그런데 단기 임대란 무엇일까?

단기 임대는 말 그대로 집이나 공간을 짧은 기간 동안 대여해주는 사업이다. 예를 들어, 여행객, 출장자, 촬영팀, 모임을 위한 공간이 필요한 사람들에게 시간 단위 또는 며칠 단위로 공간을 빌려주는 형태다.

에어비앤비와 같은 플랫폼인 삼삼엠투를 통해 운영할 수도 있고, 다른 예약 시스템을 활용할 수도 있다. 이 사업의 가장 큰 장점은 초기 투자금이 적고, 관리가 비교적 간단하다는 점이다. 나처럼 직장을 다니면서 부업으로 운영하기에도 적합한 사업이다. 한 번 세팅만 잘해두면, 예약 시스템을 통해 꾸준히 현금 흐름을 만들 수 있다.

해당 공간을 6일 이상 빌려주는 것이라고 보면 된다.

단기 임대에서 가장 중요한 건 좋은 위치를 선정하는 것. 아무리 잘 꾸며도 수요가 없는 지역이라면 공실만 늘어나기 마련이다. 이때 내가 사용하는 필수 도구가 바로 삼삼엠투(33m2) 앱이다.

단기 임대 부업에 관해 설명하면 가장 많이 듣는 질문이 바로 이거다. "진짜 될까요?" 처음 이 부업을 알게 되었을 때 나도 같은 걱정을 했었다. 막상 시작하려니 "내가 해도 성공할 수 있을까?", "정말 사람들이 내 숙소를 찾을까?"라는 생각이 들었다. 이 걱정은 누구나 하는 당연한 고민이다. 하지만, 내가 직접 경험해본 결과, 몇 가지 중요한 원칙만 지키면 이 부업은 충분히 성공 가능성이 있다. 아래에서 그 이유를 상세히 설명해보겠다.

1. 정확한 돈이 되는 지역 수요 조사
2. 아직 허수가 많은 블루오션
3. 제대로 관리하는 사람이 적은 부업

"진짜 될까?"라는 걱정을 줄이려면, 가장 먼저 해야 할 일은 수요 조사다. 단기 임대 부업의 성공 여부는 수요가 있는 지역에서 시작하느냐에 달려 있다. 막연히 "사람들이 올 것 같아"라는 감으로 시작하면 실패할 확률이 높다.

나는 삼삼엠투 앱을 활용해 수요 조사한다. 이 앱은 주변 숙소의 예약률과 수요를 한눈에 확인할 수 있는 도구다. 첫째, 내가 관심 있는 지역의 숙소를 검색하고, 예약률이 3주 이상 꽉 찬 숙소가 70% 이상이라면 수요가 충분하다고 판단한다. 둘째, 이 데이터를 기반으로 내가 세팅하려는 숙소가 성공할 가능성을 예측할 수 있다.

수요 조사는 단순히 공실 걱정을 줄이는 것이 아니라, "내가 이 부업을 할 수 있을까?"라는 걱정을 데이터로 해결해주는 과정이다. 데이터 기반으로 판단하면 막연한 두려움이 줄어들고, 확신을 가지고 시작할 수 있다.

삼삼엠투 창업 X 최행부 순수익 계산기			보증금500 00시티(00역)	보증금1000 00시티(00역)	보증금1000 00시티(00역)	보증금1000 00시티(00역)
매출	임대료	280,000	310,000	330,000	300,000	330,000
	관리비용	50,000	100,000	90,000	100,000	100,000
	임대료	1,120,000	1,240,000	1,320,000	1,200,000	1,320,000
	관리비용	200,000	400,000	360,000	400,000	400,000
	청소비용	50,000	50,000	80,000	30,000	50,000
	합계	1,370,000	1,690,000	1,760,000	1,630,000	1,770,000
지출	월세	700,000	750,000	700,000	700,000	850,000
	관리비	150,000	150,000	150,000	150,000	150,000
	기타비용	30,000	20,000	30,000	30,000	30,000
	수수료(추가)	45,210	55,770	58,080	53,790	58,410
	합계	925,210	975,770	938,080	933,790	1,088,410
순이익	순이익(4주)	444,790	714,230	821,920	696,210	681,590
	보수적(2/3)	296,527	476,153	547,947	464,140	454,393
추가 내용	순이익(3주)	125,680	317,760	415,780	309,410	265,780
	3주매출(수수료제외)	1,005,680	1,237,760	1,295,780	1,189,410	1,295,780
	월고정지출	880,000	920,000	880,000	880,000	1,030,000
	2주매출(수수료제외)	686,570	841,290	889,640	802,610	879,970
	2주 예약 시 지출 커버	불가	불가	가능	불가	불가
	2주이상비율		100%	50%	64%	51%
	1~2월 예약비율 2주이상		13	6	14	30
	2주이하		0	6	8	29

그리고 참 좋은 점 중 하나는 허수가 많다는 점이다. 허수란 정말 말 그대로 매트리스, 침대 프레임, 꽃무늬 이불만 세팅해둔 집을 말한다. 심지어 이런 집도 예약이 되기도 한다. 그래서 나는 단기 임대 숙소를 세팅할 때, 남들은 안 하는 감성 숙소로 세팅하려고 많은 노력을 했다.

단기 임대 세팅비를 150만 원 정도라고 이야기했는데, 사실 당근 거래를 통해서 중고 물품을 사면 좀 더 저렴하게 가능하다. 실제로 나는 당근 거래를 엄청 많이 하는데, 하루에 5번의 거래를 연속적으로 하는 날도 있을 정도였다. 그래도 그중에서 돈을 좀 써야 하는 집기가 있다. 그건 바로 침대 프레임, 매트리스, 식탁, 의자. 남들이 저가형 침대 프레임을 둘 때, 좀 더 신경 써서 원목의 침대 프레임을 둔다든가, 접이식으로 예쁜 원목 테이블을 두는 등 좀 더 업그레이드해서 세팅했다.

간혹, "바쁜데 이걸 잘 운영할 수 있을까?"라는 걱정도 많이 듣는다. 특히 직장을 다니며 부업으로 시작하려는 분들이 가장 고민하는 부분이다. 단기 임대는 운영이 비교적 간단하다. 한 번 세팅 후, 삼삼엠투와 리브애니웨어 등 앱으로 관리하며, 청소 매니저님을 통해 건당 3만 원 정도의 금액을 지불하고 운영한다.

나는 직장을 다니면서도 5개의 숙소를 운영했다. 처음엔 "시간이 부족하지 않을까?" 걱정했지만, 막상 해보니 세팅만 끝내면 큰 시간과 노력이 들지 않았다. 일을 병행하며 충분히 운영할 수 있다.

마지막으로, "진짜 될까?"라는 걱정을 가장 효과적으로 해소하는 방법은 내 경험을 참고하는 것이다. 처음 시작이 두렵다면, 투자금

8:15 🔕   📶 📶 5G

←   🖤   역

🛡 계약관련 대화는 33m2채팅을 이용하는 게 안전합니다.

⬤ 최

2명입니다

오후 4:15

계약요청   2025.02.16 16:15

게스트가 2025.02.16 ~ 2025.03.01까지 🖤 임대를 요청했습니다. 호스트가 요청을 승인하면, 게스트는 결제를 하고 계약을 확정할 수 있습니다.

승인완료 및 결제안내   2025.02.16 16:16

계약 요청이 승인 되었습니다. 결제를 완료 하시면 계약이 확정 됩니다. 결제 마감 시한은 2025-02-16 22:16:05 입니다.

을 줄이자. 보증금 500만 원과 투자금 150만 원으로 작은 숙소를 세팅했다. 이점은 나에게 부담을 덜어줬다. 두 번째, 수요 조사를 철저히 한 덕분에 첫 달부터 평균 50만 원~80만 원의 수익이 꾸준히 들어왔다. 나는 이 공간 사업에서 가장 중요한 것이 "위치와 인테리어"라고 생각한다. 철저하게 분석한 위치는 매출로 이어진다. 그래서 꼭 수요 조사해야 한다.

이용중 2024.10.01(입주) ~ 2024.10.07(퇴실)	∧
총 이용 요금	**320,000월**
임대료	320,000원
빠른입주 할인	-50,000원
관리비용	50,000원
청소비용	0원
서비스 수수료	-10,560원
최종 정산 금액	**309,440원**
정산 수령 ?	~2024.10.11 (입금예정)

나 역시 "공실"이라는 두려움이 컸다. 하지만 첫 숙소에서 성공을 맛본 뒤, 두 번째, 세 번째 숙소를 늘리며 점점 자신감을 얻었다. 단기 임대는 이런 작은 성공을 통해 나아갈 수 있는 현실적인 부업이다. 해보지 않았기 때문에 처음에는 누구나 걱정한다. 그러나 단기 임대 부업은 철저한 준비와 올바른 방법만 따른다면 충분히 성공 가

능성이 있는 사업이다. 수요 조사를 통해 데이터를 기반으로 확신을 얻고, 소액의 초기 투자금으로 부담을 줄이며, 간단한 운영 방식으로 꾸준히 현금 흐름을 만든다. 이제는 걱정을 기회로 바꿀 차례다. 나처럼 처음엔 두려워도, 작은 도전이 당신의 첫 성공으로 이어질 것이다. 단기 임대 부업, 진짜 된다.

단돈 2,000만 원으로 시작하는 에어비앤비

　만약 단기 임대로 경험을 쌓았다면, 다음으로는 에어비앤비를 추천한다. 이유는 단기 임대는 한 채당 순수익이 약 50~80만 원 선이기 때문이다. 내가 바라던 퇴사까지 하려면 좀 더 큰 현금 흐름이 세팅되어야 해서 에어비앤비도 도전하게 되었다.

　에어비앤비 부업은 흔히 외국인 관광 도시 민박업이라고도 불린다. 말 그대로, 도시에서 외국인들에게 숙소를 제공하며 수익을 창출하는 사업이다. 단기 임대와는 달리, 주 고객층이 외국인 관광객이나 출장자로 이루어져 있으며, 이들은 현지에서 독특한 경험을 얻길 원하기 때문에 현지 감성과 경험 제공이 중요한 차별화 포인트가 된다.

단기 임대와 외국인 관광 도시 민박업의 차이점 : 법적 허들

에어비앤비 부업, 즉 외국인 관광 도시 민박업은 단기 임대와는 다른 몇 가지 차이점이 있다. 가장 큰 차이는 법적 허들이다. 단기 임대 숙소는 허가증이 필요 없는 반면, 외국인 관광 도시 민박업은 허가증이 필요하다. 현재 한국에서 숙박업을 하기 위해서는 숙박 허가증을 받고, 그걸로 사업자등록증을 발행해야 합법적으로 숙박업을 운영할 수 있다.

<허가 요건>

1. 외국인을 대상으로 판매할 것
2. 도심 지역에서 운영할 것
3. 공유 숙박업으로, 특정 주택에서만 운영이 가능할 것
4. 관할 구청에 심사받아야 할 것

단기 임대는 전대 동의 계약서만 작성하면 바로 시작할 수 있다. 법적 허들이 없기 때문에 초보자도 쉽게 접근할 수 있는 부업이다. 반면, 외국인 관광 도시 민박업은 허가 절차를 거쳐야 하며, 각종 조

건을 충족해야 하므로 시간이 걸릴 수 있다. 그러나 한 번 허가를 받으면 외국인 관광객이라는 명확한 고객층을 타깃으로 꾸준히 수익을 창출할 수 있다는 장점이 있다.

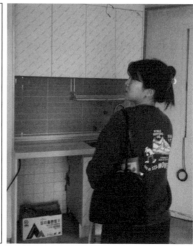

외국인 관광 도시 민박업은 단기 임대보다 더 높은 수익을 기대할 수 있는 부업이다. 그러나 법적 허들이 있어서 철저한 준비와 계획적인 접근이 필요하다. 허가받은 후 안정적으로 운영하며 높은 매출을 올릴 수 있기 때문에, 이러한 과정은 충분히 보상받을 수 있다. 법적 요건만 충족한다면, 외국인 관광객이라는 명확한 타깃층을 공략해 월 매출 500만 원 이상의 수익을 창출할 수 있다.

나는 에어비앤비를 시작하면서 실제로 현금 흐름이 월급을 넘어섰다. 왼쪽 사진은 에어비앤비 숙소로 세팅하기 전의 구축 빌라의 모습이다. '이런 집에서 어떻게 숙소가 탄생했지?'라는 생각이 들 정도로 손봐야 할 곳이 엄청 많았다. 단기 임대와 다르게 에어비앤비 숙소를 세팅할 때, 공사비용이 꽤 들기도 한다.

"남의 집을 고쳐서 숙소를 세팅한다고?"

실제로 에어비앤비 숙소 세팅을 위해 내가 지불한 시공 비용은 "약 600만 원"이다. 아마 이 부업을 처음 들은 분들은 깜짝 놀랄 만한 액수일 것이다. 나도 처음엔 이렇게 남의 집을 고쳐주면서까지 하는 게 맞나 싶었다. 이때 만약 허들을 느끼고 포기했다면, 현재 벌고 있는 "순수익 300만 원"이라는 금액은 벌지 못했을 것이다. 실제로 에어비앤비 숙소 1채를 통해서 월급만큼의 순수익을 벌게 됐다. 어떻게 가능했던 걸까?

1. 숙소 위치부터 확실히 선정하라

허가 요건에 맞는 위치를 미리 선정해야 시간과 비용을 줄일 수 있다. 도심 내 관광객이 몰리는 지역이 가장 유리하다.

2. 관할 관청에 먼저 문의하라

허가 절차를 처음부터 혼자 해결하려고 하지 말고, 관할 관청에 문의해 필요한 조건과 절차를 정확히 파악하라.

3. 숙소의 현지 감성을 살려라

외국인 고객은 현지 감성을 중요하게 생각한다. 숙소에 지역 특색을 담은 소품과 디자인을 추가하면 경쟁력을 높일 수 있다.

물론 나처럼 굳이 공사를 해주면서까지 진행하지 않고, 이미 깨끗한 집을 찾아서 해도 된다. 하지만 만약 수리해야 할 곳이 있다면 일부 수리해서 세팅하는 것도 추천하는 편이다. 이유는, 이 공간은 '남의 집'이라는 고정 관념을 버려야, '우리의 사업장'으로 탈바꿈할 수 있기 때문이다. 나는 주방과 화장실 공사를 통해서 해당 집을 감성 숙소로 변화시켰다. 공사비 약 600만 원, 투자금 약 900만 원.

외국인 수요가 정말 많은 위치여서 손님 받는 데 어려움은 없을 것이라는 확신이 있었지만, 막상 운영하기 전 집을 구석구석 살펴보니 너무 구축이었다. 나는 선택해야 했다. 포기하든가, 계속 가든가. 당시 인테리어 견적을 내러 온 많은 분이 이렇게 이야기했다.

"이런 구축에서는 인테리어 하는 거 아닙니다"

겨울에 너무 춥고, 문제가 많이 생길 것이라는 우려의 목소리가 컸다. 내가 만약 단기 임대 부업의 경험이 없었다면, 아마 이 이야기를 듣고 계약한 집을 포기했을 것 같다. 하지만 다년간 운영하며 1채당 월 50~80만 원 정도 벌었던 경험을 토대로 나는 확신할 수 있었다. "여긴 무조건 된다." 남들이 모두 우려하고 말렸지만, 인테리어 공사를 가장 저렴하게 해줄 수 있는 업체를 밤낮없이 찾게 되었다. 그때 만난 은인이 바로 윤 대표 님이다.

대부분의 인테리어 업체가 1,000만 원 이상의 견적을 뽑았지만, 윤 대표 님은 600만 원의 견적을 내주셨다. 주방, 화장실, 도배, 장판 등 고쳐야 할 곳이 한두 군데가 아니었다. 사실상 집을 새 걸로 만드는 것과 다름없는 작업이었다. 하지만 이 정도 견적이라면 3개월이면 투자금을 회수할 수 있겠다고 확신하고 공사를 진행했다. 엘리베이터가 없는 3층 이상의 건물을 오르내리며 다리가 아플 정도로 숙소 세팅에 집중했다. 약 한 달간의 준비 기간이 지난 후, 통장에는 약 500만 원의 매출이 찍혔다. 정말 월급만큼 더 벌어본 것이다. 여기서 내가 또 깨달은 점은 확실히 되는 위치는 투자금 회수한다는 생각으로 도전해도 괜찮다는 것이다. 여러분 중에 월급만큼 벌리는 숙소 하나를 세팅해서 퇴사하고 싶은 사람이 있다면 에어비앤비를 추천한다.

Part 3

부업에서 사업으로
확장한 치트키

정말
퇴사해볼까?

단기 임대와 에어비앤비를 운영하며, 나는 공간 사업에 대한 감을 확실히 익히고 있었다. 두 사업 모두 안정적인 수입을 만들어줬고, 덕분에 "이제 진짜 퇴사할 수 있지 않을까?" 하는 생각이 들기 시작했다. 하지만 2곳에서 나오는 현금 흐름만으론 부족했다.

"이대로 멈추면 안 돼."

더 큰 규모의 현금 흐름을 만들어야 했다. 확실하게, 영원히 직장을 떠나기 위해서 말이다. 정말 원하던 노동자에서 생산자로 바뀐 삶이 눈앞에 있었고, 곧 영원히 퇴사할 수 있을 것 같았다. 근데 막상 월급만큼의 현금 흐름을 만들었음에도 퇴사하기가 쉽지 않았다. 이유는 꾸준히 나오는 현금 흐름을 굳이 포기할 이유가 없었기 때문이다. 그런데 참 위기가 기회라고 하던가?

내가 렌탈 스튜디오에 눈을 돌리게 된 데는, 회사 상사의 역할이 컸다. 이런 말이 있다. 퇴사를 하는 데는 두 가지 이유가 있다. 하나는 회사 밖에 하고 싶은 일이 있어서 나가게 되는 일, 두 번째는 회사가 너무 싫어서 뛰쳐나가는 일. 나는 후자에 속했다. 사실 원대한 꿈으로 "사업가가 되어서 시간적 자유를 얻을 거야"라고 생각했지만, 막상 삶을 살아가면서 이 목표는 흐려졌고, 그냥 월급도 벌고 부업으로도 돈을 버는, 위험 요소 전혀 없는 삶을 유지하고 싶었다. 그런 나를 자극하게 된 사건이 있는데, 바로 '국밥 사건'이다.

어느 날 점심시간에 직원들과 함께 국밥을 먹으러 갔다. 각자 먹고 싶은 메뉴를 시켜서 먹고 있었는데, 평소 나에게 트집을 잡던 무례한 상사가 갑자기 자기 숟가락으로 내 국밥을 한 입 떠먹었다. 나는 당황스러워 어리둥절할 수밖에 없었다. 그런데 그는 이렇게 말했다.

"나랑 다른 맛일까 궁금해서 한 입 먹어본 거야."

그는 자신이 뭘 잘못했는지도 모르는 듯했다. 아마 지금까지도 모를 것이다. 그 순간, 나는 말 그대로 현타가 왔다….

"내가 왜 이렇게 살아야 하지?"

내가 화가 나고 현타가 온 포인트는 2가지였다. 하나는 남의 국밥에 자기가 먹던 숟가락을 넣어서 한 입 먹은 일이 무례한 일인지도 모르는 사람과 일하고 있는 상황이었고, 두 번째는 그 상황에서 싫다고 말하지 못하고 자연스럽게 넘어가 그 국밥을 끝까지 먹은 나였다. 다시 내 마음을 고쳐먹게 된 계기가 됐다. 하루에 최소 6시간을 함께하는 사람이 항상 자기 삶에 불만을 느끼는 사람이라는 게 소름 끼치도록 싫었다. 나에게 악영향을 주는 사람과 회사라는 울타리 안에서 만나는 일은 이제 그만해야 할 때라는 것을 다짐했다. 내가 단기 임대와 에어비앤비로 안정적인 수익을 만들고 있던 게 다행이었다. "이 수익을 더 키운다면, 정말로 회사와 작별할 수 있겠지." 그 순간, 상사의 국밥 한 입은 오히려 확실한 동기 부여가 됐다.

월 500만 원, 안정적인 렌탈 스튜디오 창업 비법

그날 이후, 나는 또 하나의 공간 사업 아이디어를 실행에 옮겼다.

"렌탈 스튜디오라면 가능성이 있어."

렌탈 스튜디오는 단순히 공간을 대여하는 것을 넘어, 촬영, 소규모 모임, 이벤트 등 다양한 용도로 활용될 수 있는 사업이다. 특히 요즘은 SNS 콘텐츠 제작을 위한 촬영 공간 수요가 꾸준히 늘고 있다. 하지만 내가 렌탈 스튜디오에 관심을 두게 된 진짜 계기는 쇼핑몰 사업의 유행이었다. 쇼핑몰을 운영하는 사장님들이 늘어나면서, 촬영할 공간이 부족하다는 문제점을 알게 되었다. 제품 사진이나 모델 촬영을 위해 스튜디오를 찾는 수요가 급증하고 있었고, 이들이 사용할 공간을 제공하면 안정적인 수익을 기대할 수 있다는 확신이 생겼다.

왜 렌탈 스튜디오였을까?

1. 공간 사업의 확장 가능성

당시 주택을 활용해서 돈을 버는 일은 단기 임대는 1채당 수익률이 낮았고, 에어비앤비는 사업자등록증을 내려면 명의가 필요해서 개수 제한이 있었다. 렌탈 스튜디오는 제약이 없어 무한히 확장할 수 있었다.

2. 쇼핑몰 촬영 수요

당시 쇼핑몰 붐이 일면서, 제품 촬영을 위한 스튜디오 대여 수요가 많아진 점이 나에게 큰 기회로 다가왔다.

3. 독립을 위한 추가 현금 흐름

렌탈 스튜디오가 잘 운영되면, 안정적인 수입을 더 확보할 수 있었다. 직장에 얽매이지 않아도 되는 새로운 가능성이 보였다. 추가로 월 300만 원만 더 세팅해서 탈출한다는 생각이었다.

4. 창의적인 공간 운영의 매력

단기 임대와 에어비앤비가 주거형 공간이었다면, 렌탈 스튜디오는 공간 자체의 컨셉을 자유롭게 설정할 수 있었다. "이건 정말 내가 하고 싶다!"라는 열정이 샘솟았다.

 하지만 문제는 시간이었다. 나는 여전히 회사에 다니고 있었고, 상사의 잔소리를 들으며 하루하루를 버티며 이 사업을 준비해야 했다. 그래도 퇴근 후와 주말의 시간을 활용해 차근차근 계획을 세웠다. 퇴근 후에는 어떤 컨셉의 스튜디오가 잘 통할지 시장을 분석하고, 위치는 어디가 좋을지 데이터와 입지 조건을 검토했다. 초기 투자비용을 계산하며 현실적으로 가능한 범위를 설정하고, 직접 적합한 장소를 찾아 발품을 팔았다. 필요한 소품과 인테리어 아이디어를 정리하고, 실행할 수 있는 계획을 세웠다. 퇴근 후 지친 몸을 이끌고 컴퓨터 앞에 앉았지만, 이 시간은 나를 살아있게 하는 시간이었다. 회사에서의 스트레스는 나를 괴롭혔지만, 렌탈 스튜디오를 준비하는 시간은 오히려 나에게 희망을 줬다. 이전에 주택에서 부업을 할 때와 다르게 이건 정말 사업을 시작하는 느낌을 주었다.

 하지만 이 사업은 에어비앤비나 단기 임대와 달리 빠르게 실행하기 어려웠다. 직장을 다니면서 인테리어 공사를 병행하는 일이 쉽지 않았기 때문이다. 내가 근무하던 직장은 월차도 없었고, 휴가라고 해봐야 여름휴가가 전부였다. 따로 시간을 낼 여유가 없는 상황에서 텅 빈 공간을 인테리어하는 작업은 너무 막막하게 느껴졌다. 게다가 공간을 섹션별로 나누고 컨셉을 정하는 것부터 모든 과정을 직접 통솔해야 해서 부담감이 컸다.

이전 부업보다 투자금이 두 배 이상 더 많이 필요했다. 보증금만 최소 1,000만 원에서 시작됐고, 공사 비용은 1,000만 원에서 최대 3,000만 원에 이르렀다. 다행히 이전에 모아둔 부수입으로 약 3,000만 원의 종잣돈은 있었지만, 이 돈이 무한한 것은 아니었다. 한 번의 기회로 반드시 수익을 낼 수 있는 스튜디오를 만들어야 한다는 부담감이 컸다. 이런 두려움에 시작을 미루고 있던 중, 창업 강의를 접하게 되었다. 강의에서 강사님은 자신도 렌탈 스튜디오를 운영하고 있었는데, 그 스튜디오는 직접 창업한 것이 아니라 양도받은 것이라고 했다.

양도를 받는 것이란? 이전에 운영하던 시설을 권리금을 주고 그대로 양도받아서 운영하는 것을 말한다. 결론적으로, 수익률이 떨어지면서 파는 사업채를 사는 것이었다.

망한 공간을 양도받는 건 위험하지 않을까?

아마 여기까지 이야기를 들으신 분들은 "망한 곳을 양도받으면 다시 망하는 거 아니야?"라는 걱정이 들 것이다. 나도 처음엔 그런 의문이 있었다. 하지만 명확한 기준을 세우면 위험을 최소화할 수 있다. 나는 양도받기 전, 촬영 수요가 있는 위치인지, 권리금이 적절한지, 그리고 운영 미흡 등 내가 개선할 여지가 있는 곳인지를 철저히 검토했다.

2가지 기준이 있었는데, 첫 번째는 역 근처 주차장이 있는 공간을 선택하는 것이었고, 두 번째는 아예 매출이 없는 곳이 아니라 고정비는 벌고 있는데 그 이상 매출이 안 나오고 마케팅이 미흡한 공간을 선택하는 것이었다. 결국, 나는 여러 가지 검증을 한 후, 한 스튜디오를 양도받았다. 그리고 곧 깨달았다. 잘못된 운영 때문에 망한 것일 뿐, 공간 자체의 가능성은 충분했다.

직장생활을 하며 렌탈 스튜디오를 양도받는 과정은 오히려 시간을 절약하는 최고의 선택이었다. 공사를 직접 진행하지 않아도 되었기 때문에 초기 준비 기간이 크게 줄었고, 기존 스튜디오의 틀을 활용해 필요한 부분만 개선하면 되었기 때문이다.

물론 공간을 양도받았다고 해서 바로 잘된 것은 아니었다. 렌탈 스튜디오 운영은 생각보다 훨씬 더 복잡했다. 특히 마케팅에 대한 경험 부족이 가장 큰 난관이었다. '어떻게 손님을 끌어야 할까?'라는 고민에 밤잠을 설쳤다. 정말 난이도가 확 올라간 느낌이었다. 이전에 단기 임대 숙소나 에어비앤비 숙소는 플랫폼 자체가 유명해서 업로드만 해도 문의가 오고 예약이 되었는데, 이건 자체적으로 내가 홍보해야 했다. '내가 마케팅이라니…' 관련 경험이 전무했던 나는 너무 막막했다. 심지어 고정비도 달에 약 200만 원을 감당해야 했다. 만약 마케팅해내지 못하면 나의 월급을 고스란히 반납해야 하는 상황이었다.

마케팅을 제대로 알지 못해 답답한 마음에 밤을 새워가며 혼자서 공부를 시작했다. 광고 운영 방법부터 SNS 홍보 전략, 블로그를 쓰고 인스타그램 계정을 활성화하는 법까지. 그 과정은 결코 쉽지 않았다. 스트레스가 극심해져 위경련까지 앓았지만, 멈출 수는 없었다. 내가 포기하면 이 공간도 망할 게 분명했으니까. 밥을 먹으나, 잠을 자나 스튜디오 생각으로 가득했다. 잠시 유튜브라도 보고 있으면 바로 죄책감이 몰려왔다. '내가 지금 쉴 때인가? 나 스튜디오 팔아야 하는데?'

당시 나와 있는 정보란 정보는 모두 긁어모아서 정독했다. 관련한 유튜브 영상은 밤을 새우며 봤고, 네이버 플레이스, 인스타그램, 각 플랫폼 입점 등 점점 많은 채널에 나의 렌탈 스튜디오를 홍보하기 시작했다. 공부하면서 깨달은 중요한 사실이 하나 있었다. 렌탈 스튜디오 고객은 대부분 평일에 온다는 것. 쇼핑몰 사장님이나 SNS 콘텐츠 촬영을 하는 고객은 주로 평일에 예약했다. 그러다 보니 주말에는 공간이 비어 있는 날이 많았다.

"주말에도 이 공간을 활용할 방법이 없을까?" 고민 끝에 나는 공간을 파티룸으로 활용하기로 했다. 브라이덜 샤워, 생일 파티, 소규모 모임 등 특별한 날을 위한 장소로 홍보를 시작했다. 그렇게 홍보하고 딱 8일 정도 되었을 때 전화 문의가 왔다. "거기서 브라이덜 샤워 파티를 하고 싶은데 가능한가요? 혹시 세팅도 해주시나요?" 이 전화 문의를 꼭 예약으로 성사시켜야 한다는 생각이 온몸을 지배했다. 사실 브라이덜 샤워 세팅 서비스는 없었지만, 너무 예약받고 싶은 마음에 무료로 해준다고 이야기했다.

나의 렌탈 스튜디오 오픈 이후, 첫 예약이었다.

이후 손님들은 브라이덜 샤워 세팅 관련해서 의논하고 싶다고 단톡방을 만들었고, 그분들의 의견을 종합하여 세팅해드리겠다고 했다. 사실 돈도 안 되는 비효율적인 시간이었다. 풍선 장식을 직접 준비하며 5시간 동안 혼자 세팅했는데, 끝나고 나면 손이 떨리고 온몸이 땀에 젖었다. 심지어 시간당 3만 원 하는 스튜디오를 2만 원으로 깎아준 상황에서 3시간만 이용하고 갔다. 총 6만 원을 벌기 위해 하루를 쓴 것이다. 누군가 보면 참 미련하다고 할 것이다. 하지만 이걸 기점으로 예약 문의가 폭주하기 시작했다.

"고객의 니즈를 이해하고, 그들이 원하는 것을 제공하는 것이 가장 중

요하다."

당시 운영하던 렌탈 스튜디오는 상봉역 근처였는데, 알고 보니 주변에 브라이덜 샤워를 하고 싶은 니즈를 가진 젊은 여성분들이 많았다. 주말이면 브라이덜 샤워, 베이비 샤워, 생일 파티 등의 손님을 받았고, 평일이면 촬영을 받았다.

지금, 나는 또 한 발 나아갔다.

그렇게 양도받은 렌탈 스튜디오는 단기 임대와 에어비앤비를 잇는 나의 새로운 도전이었으며, 독립을 위한 탄탄한 발판이 되었다. 직장생활을 하면서 세 번째 공간 사업에 도전했고, 이는 결국 퇴사할 수 있도록 나의 마인드 세팅에도 큰 영향을 주었다. 항상 '누군가 해주겠지'라는 마음을 내려놓고, 진짜 사장으로서 스스로 문제를 해결하며 매출을 만들어 내는 경험을 한 것이다. 이 모든 걸 회사 다니면서 스스로 혼자 해냈다는 것이 대견스러웠다.

우연한 계기로 파티 손님을 받게 되었고, 그들이 남긴 후기와 사진 덕분에 점점 더 많은 파티 손님이 방문하면서 매출이 상승했다. 파티 손님들이 남긴 후기와 사진은 자연스럽게 홍보 효과를 가져왔고, 파티가 아닌 다른 목적으로 렌탈 스튜디오를 대여하고 싶어 하는 문의가 왔다. 당시 쇼핑몰이 유행하면서 쇼핑몰 촬영하려는 고객들이 많이 올 것으로 생각했지만, 내 예상과 달리 렌탈 스튜디오의 주요 고객은 쇼핑몰 사장님이 아니었다. 대부분 영상 촬영팀이었다. 스튜디오의 컨셉과 위치상 영상 촬영팀이 더 많이 찾게 된 것이다. 영상 촬영을 목적으로 대여하는 고객들은 최소 4~6시간 단위로 예약하고 이용했다. 내 예상대로 사업이 진행되진 않았지만, 결론적으로는 긍정적인 방향으로 사업이 흘러가게 됐다. 아이러니하게도 "일단 팔아 보자"라고 했던 생각들이 결국 정답이었고, 그 과정에서 겪은 어려움이 나를 성장시켰다. 그리고 마침내 3년간의 준비 끝에, 원하던 퇴사를 미련 없이 결심할 수 있었다.

월 50만 원부터 월 1,000만 원까지

현재 나는 에어비앤비, 렌탈 스튜디오, 단기 임대, 세미나실을 운영하며 월 1,000~2,000만 원의 현금 흐름을 만들어 냈다. 하지만 처음부터 월 1,000만 원의 수익을 목표로 했던 것은 아니다. 처음 도전할 때만 해도 "월 50만 원만 벌어도 좋겠다"라는 생각이었다.

안정적인 월급을 받으며 회사 생활을 하는 것도 좋았지만, "추가적인 수입이 생긴다면 삶이 얼마나 더 자유로워질까?"라는 단순한 바람이 나를 움직이게 했다. 그리고 그 작은 바람이 결국 나를 월 1,000만 원의 수익을 창출하는 길로 이끌었다.

첫 도전: 월 50만 원을 목표로 한 단기 임대

나의 첫 도전은 단기 임대였다. 처음엔 단순히 에어비앤비 성공 사례를 접하고, "나도 해볼까?"하는 가벼운 마음으로 시작했다. 단기 임대는 초기 투자금이 적었고, 운영 방식도 비교적 간단해 보여 회사 생활과 병행하기에 적합해 보였다.

단기 임대라는 부업을 시작하는 법

나는 보증금 500만 원과 운영 준비금 150만 원으로 작은 숙소를 세팅했다. 풀옵션이 갖춰진 집을 골라 최소한의 비용으로 필요한 소품과 침구류만 추가했고, 부동산, 삼삼엠투, 리브애니웨어에 숙소를 등록했다. 이때 가장 중요하게 생각한 것은 "위치"였다. 좋은 위치를 판단하는 나의 방법은, 주변 숙소의 예약률을 체크하는 것이다. 예약이 있는 숙소가 70%가 넘는다고 하면 나에게도 기회가 있는 위치라고 봐도 좋다.

처음에는 몇 번의 예약을 기다리며 초조했던 기억이 난다. 하지만 첫 손님이 들어오고, 그 손님이 좋은 리뷰를 남겨주면서 예약이 조금씩 늘어나기 시작했다. 한 달 수익은 50만 원에서 80만 원 사이. 적은 금액이었지만, 내게는 큰 자신감을 안겨줬다.

> ## Tip
>
> **단기 임대 부업은 이런 분에게 추천한다.**
>
> 1. 당장 종잣돈이 약 800만 원 정도 있는 사람
> 2. 마케팅을 할 줄 몰라서 가장 쉽게 시작할 수 있는 공간 부업을 찾는 사람
> 3. 월 50만 원만 더 벌어보고자 하는 사람
> 4. 부담 없는 고정비로 운영하고 싶은 사람

두 번째 도전: 월 200만 원을 목표로 한 에어비앤비

나의 두 번째 도전은 에어비앤비였다. 한 채에서 더 높은 수익률을 낼 수 있는 숙박업에 관심이 있었지만, 마케팅을 잘 알지 못했기에 에어비앤비 플랫폼을 활용해 자연스럽게 고객을 유치할 수 있기를 바랐다. 그러던 중, 외국인 관광객이 한국을 더욱 많이 찾을 것이라는 뉴스 기사를 접하고 본격적으로 에어비앤비를 시작했다. 결과적으로 숙소는 예상보다 큰 성공을 거두었고, 현재는 단 한 채에서만 월 200~300만 원의 순수익을 올리고 있다.

에어비앤비라는 부업을 시작하는 법

에어비앤비 숙소는 단기 임대와 달리 허가가 필요하다. 이는 숙박업에 해당하기 때문이다. "외국인 도시 관광 민박업"이라는 사업자 등록증을 발급받아야 운영할 수 있는데, 여기에는 몇 가지 허들이

있다. 먼저, 해당 주택이 운영 가능한지 점검해야 하며, 주인의 동의, 주민 동의, 그리고 관할 구청의 허가를 받아야만 정식으로 운영할 수 있다. 하지만 이러한 절차가 장애물로 작용하는 만큼, 경쟁자가 쉽게 늘어나기 어려운 구조라는 점에서 장점도 있었다.

운영할 수 있는 주택이 한정적이었기 때문에, 나는 구축 빌라도 리모델링하여 활용할 생각으로 위치를 점검한 뒤 공사를 진행했다. 공사비는 대략 600만 원 정도 들었다. 이후 운영 절차는 구청 허가 받은 후 사업자등록증을 발급받고, 에어비앤비 플랫폼에 숙소를 등록하는 방식으로 진행되었다. 에어비앤비는 세계적인 플랫폼인 만큼, 따로 마케팅하지 않아도 전 세계 다양한 고객들에게 자연스럽게 내 숙소를 노출시켜 준다는 점이 큰 장점이었다.

> **Tip**
>
> **에어비앤비 부업은 이런 분에게 추천한다.**
>
> 1. 당장 종잣돈이 2,000만 원 정도 있는 사람
> 2. 마케팅을 할 줄 몰라서 가장 쉽게 시작할 수 있는 공간 부업을 찾는 사람
> 3. 월 200만 원 더 벌어보고자 하는 사람
> 4. 똘똘한 한 채를 세팅해서 월급만큼 세팅하고 싶은 사람

세 번째 도전: 300만 원, 렌탈 스튜디오로 확장하다

단기 임대와 에어비앤비가 안정적으로 운영되면서, 나는 새로운 공간 사업인 렌탈 스튜디오에 도전했다. 렌탈 스튜디오는 단순히 숙박을 제공하는 것과 달리 촬영, 소규모 모임, 이벤트 등 다양한 용도로 공간을 대여하는 사업이다.

당시 쇼핑몰 사업이 유행하면서 제품 촬영 공간에 대한 수요가 폭발적으로 증가하고 있었다. 하지만 이 사업은 인테리어 공사 등 초기 준비 과정이 필요해 쉽게 시작하기 어려웠다. 그래서 나는 직접 공사를 진행하는 대신, 이미 운영 중인 스튜디오를 양도받는 방법을 선택했다.

이것이 내가 선택할 수 있는 최선의 방법이었다. 아마 당시 양도받는 방법을 몰랐다면, 시도조차 하지 못하고 끝내 포기했을지도 모른다. 하지만 다행히도 양도받는 법을 알게 되면서 직접 진행할 기회를 얻을 수 있었다.

양도받은 스튜디오를 성공적으로 운영하기 위해 나는 밤마다 마케팅을 공부했다. SNS 홍보, 블로그 작성, 광고 운영 등 모든 것을 혼자 해결해야 했다. 스트레스로 위경련까지 앓을 정도였지만, 멈출 수 없었다. 운영 전략도 변경했다. 평일에는 촬영 고객을 유치하고, 주말에는 파티룸으로 활용하며 매출을 극대화했다. 한 번은 브라이덜 샤워 무료 세팅 이벤트를 진행하며 혼자 5시간 동안 풍선과 장식을 꾸민 적도 있었다. 그 경험이 입소문을 타면서 예약이 폭증했고, 매출은 이전보다 3배 이상 증가했다.

> ## Tip
>
> **렌탈 스튜디오 부업은 이런 분에게 추천한다.**
>
> 1. 당장 종잣돈이 3,000만 원 정도 있는 사람
> 2. 명의나 전입을 할 수 없는 사람
> 3. 월 300만 원 더 벌어보고자 하는 사람
> 4. 전입, 명의 필요 없이 사업채 개수를 무한대로 확장해보고 싶은 사람

렌탈 스튜디오가 안정적으로 운영되면서, 나는 단기 임대, 에어비앤비, 렌탈 스튜디오를 모두 포함한 종합적인 공간 사업 네트워크를 구축할 수 있었다.

단기 임대는 꾸준한 베이스 수익을, 에어비앤비는 프리미엄 외국인 고객을, 렌탈 스튜디오는 다양한 고객층을 타깃으로 수익을 만들어 냈다. 세 가지 사업이 각각의 역할을 하며 서로 시너지를 냈고, 결국 월 1,000만 원의 수익을 만들어 낼 수 있었다.

월 50만 원을 목표로 시작했던 작은 도전이, 어느새 월 1,000만 원의 수익을 만드는 사업이 되었다. 이 여정에서 가장 중요한 건 단순히 돈이 아니라, 내가 삶의 주도권을 쥘 수 있다는 자신감이었다. 처

음엔 작은 한 발자국이었다. 하지만 그 작은 발자국이 모여 지금의 나를 만들었다.

당신도 시작할 수 있다. 작은 시작이 더 큰 가능성을 만들어냈다. 이 글을 보고 있는 독자분들에게 꼭 하고 싶은 말이 있다. 내가 만약 시도한 부업들을 모두 실패하고 있다면? 나와 적성이 안 맞는 것일 수도 있다. 내가 좋아하는 이야기 중 "모든 사람은 자신만의 탁월한 분야가 있고, 그 분야에서 1등을 할 수 있다. 다만 대부분의 사람이 동일한 경쟁을 해서 자신의 재능을 찾지 못한다."

나는 학창 시절 한 번도 공부로 1등 해본 적 없고, 이후 사회에서도 남들이 보기에는 애매한 직업을 가진 평범한 사람이었다. 그런데 공간 사업이라는 분야에서는 탁월한 성과를 보여주고 있다. 어떻게 가능했을까? 그건 나에게 맞는 부업을 찾는 시행착오의 2년 시간 덕분이라고 생각한다. 여러분도 분명할 수 있다. 나의 글이 공감되었다면? 공간 사업으로 퇴사 준비를 시작해보자.

3

떵이자까

Intro.

> ## "떵이자까"는 누구?

"똥손 이과전공이지만, 퇴근 후 취미로 시작한 그림으로 월세를 법니다"

안녕하세요. 저는 회원수 1.1만명의 네이버 그림카페 '이그사'의 대표이자 3.3만 팔로워 그림 인스타그램을 운영 중인 떵이자까입니다.

그림판 밖에 모르던 똥손 이과 직장인이었던 저는 2019년에 그림 취미를 시작했습니다. 이후 그림 취미를 돈을 버는 N잡으로 발전시켰고, 지금은 퇴사

후 전업으로 활동하고 있습니다. 취미로 시작해 전업이 되기까지 지난 5년 간 저는 본업인 직장생활과 그림 N잡을 꾸준히 병행해왔습니다.

직장에서 힘들게 일하다 퇴근 후 또 다시 집에서 N잡, 부업을 하는 게 쉽지 않은 일이지만 그림 수익화는 돈을 버는 일이면서 동시에 취미이기에 꾸준 함이 가능했습니다.

그림으로 돈을 번다고 하면 뭔가 대단한 그림 실력을 가져야 할 것 같지만, 디 지털 드로잉을 하는 방법조차 몰랐던 비전공자에 평범한 직장인이었던 저도 돈을 벌고 있습니다. 그리고 그 방법은 핸드폰 하나로도 시작이 가능합니다.

지난날의 저처럼 직장생활이 막막하고 답답하지만 어떤 대안조차 없어 마 음까지 지쳐버린 상태라면, 즐거운 취미이면서 동시에 돈까지 벌게 해주는 그림 수익화를 시작해보세요.

그림에 평소 조금이라도 관심이 있는 분이라면 이 책을 통해 훨씬 더 재밌게 그리고 빠르게 성장할 수 있으실 거라 확신합니다. 덕업일치로 이루어내는 여러분들의 성장을 진심으로 응원합니다.

Part 1

똥손 이과생이
그림으로 돈을 법니다

30대에
대기업을 퇴사하다

10대 학창 시절부터 대학 시절까지, 제 목표이자 꿈은 좋은 직장에서 일하며 안정적인 월급을 받는 직장인이 되는 것이었습니다. 고등학교 2학년이 되던 무렵, 10년간의 긴 투병 생활 끝에 아버지가 돌아가셨고, 저를 비롯한 가족들에게 남은 것은 앞으로 갚아야 할 병원비뿐이었습니다. 그래서 따박따박 월급이 나오는 직장인이 되는 것은 제게 인생의 희망 그 자체였고, 대기업 입사는 꿈이자 성공의 기준이었습니다.

밤잠을 줄여 가며 대학 4년 동안 학업과 아르바이트를 병행하며

스펙을 쌓았고, 마침내 대기업에 합격했습니다. 가족들은 저를 자랑
스러워했고, 취업 준비의 끝을 맺어준 회사가 너무나 고마웠습니다.
그 기쁨과 행복은 고스란히 신입사원의 열정으로 이어졌고, 주변 동
기들이 입사 후 6개월, 1년이 지나면서 하나둘 퇴사할 때도 저는 더
욱 열정을 불태우며 회사에서 성과를 쌓고 입지를 다져나갔습니다.
"미래 여성 임원이 될 재목이다."라는 상사들의 말을 들으며, 10년
뒤, 아니 정년까지도 회사와 함께 성장할 것이라 믿어 의심치 않았
습니다.

영원히 직장인으로 살 것이라 생각했던 저의 견고하고 오랜 다짐
에 금이 가기 시작한 것은 월급쟁이의 현실을 자각하기 시작하면서
부터였습니다.

아무리 꿈에 그리던 직장에 입사하더라도, 회사에 대한 환상은 보
통 6개월에서 1년이면 깨져버리기 마련입니다. 그래서 대기업들도
신입사원의 초기 이탈을 방지하기 위해 다양한 노력을 기울이고 있
습니다. 하지만 저는 달랐습니다. 회사에 대한 애사심과 열정이 6개
월, 1년을 넘어 2년이 지나도록 식지 않았습니다. 누가 시키지 않아
도 일에 몰두하며 마치 일 중독자처럼 살았고, 오히려 일하지 못하
는 주말이 아쉽게 느껴질 정도였습니다.

회사에서 열심히 일하고 인정받아 진급하면, 지금보다 더 나은 삶을 살 수 있을 거라 믿었습니다. 하지만 막상 진급하고 보니, 월급은 소폭 올랐지만, 업무량과 책임감은 배로 늘어났습니다. 이미 과중했던 업무에 스트레스까지 더해지면서 건강은 점점 나빠졌고, 그제야 애써 외면해왔던 현실이 하나둘 보이기 시작했습니다.

취직만 하면 돈을 모으고 안정된 삶을 살 수 있을 거라 기대했지만, 현실은 달랐습니다. 월급을 받아도 서울에서의 독립생활은 늘 빠듯했고, 조금 더 벌기 위해 연봉을 올려 이직을 고려해도 월급쟁이의 삶은 크게 달라지지 않았습니다. 게다가 연차가 쌓이고, 결혼과 육아를 하게 되면 선배들처럼 경력 단절의 위기에 직면할 수도 있다는 현실이 점점 선명하게 다가왔습니다.

무엇보다 '이렇게 회사 일만 하다가 건강도 잃고 결국 회사를 떠나게 되면, 내게 남는 것은 과연 무엇일까?'라는 불안감이 점점 커졌습니다. 그러던 중, 회사에서 오랜 시간을 바쳐온 상사가 결국 '소모품'처럼 퇴직하는 모습을 지켜보며, 직장인의 현실을 처절하게 깨닫게 되었습니다. 그때부터 회사 일이 더 이상 즐겁게 느껴지지 않았습니다.

해소되지 않는 답답함은 점차 무기력으로 이어졌고, 퇴근 후에는 녹초가 되어 저녁을 챙겨 먹거나 씻을 힘조차 남아 있지 않았습니다. "지금이라도 수능을 다시 봐서 전문직이 되기 위한 공부를 해볼까? 아니면 이미 퇴사한 친구들처럼 나도 어학연수를 떠날까?" 이런저런 고민이 꼬리를 물었지만, 직장인이 아닌 삶을 한 번도 상상해 본 적 없는 저에게 퇴사는 곧 인생을 망치는 일처럼 느껴졌습니다. 결국, 퇴사를 결심할 수도, 현재의 삶을 만족할 수도 없는 답답한 나날이 이어졌습니다. 퇴사할 용기도 없고, 그렇다고 하루하루 버티며 살아가는 것 외에 다른 길이 있을까 고민하던 저는 지독한 번아웃과 무기력에서 벗어나기 위해 새로운 시도를 해보기로 했습니다. 그동안 사치라고만 여겼던, 내가 진정으로 좋아하는 일이나 취미가 될 수 있는 것들을 찾아 시간을 투자하기 시작했습니다.

직장 생활의 힘든 시기를 버텨내고자 제가 찾은 좋아하는 일이자 취미는 바로 디지털 드로잉이었습니다. 컴퓨터나 디지털 기기를 이용해서 그림을 그리는 이 취미는 놀랍게도, 회사 밖의 불확실한 미래가 두려워서 지옥이라고 여겼던 제가 30대에 대기업을 미련 없이 퇴사하고 인생 2막을 살게 해준 계기가 되었습니다.

인생의 꿈이자 목표였으며, 20대를 바쳐온 대기업을 제가 어떻게 30대에 스스로 퇴사할 수 있었을까요? 그것도 모두가 돈 벌기 힘들다고 입을 모아 말하는 그림 분야로 말이죠. 그림 시장이 그림을 잘 그려야만 돈을 벌 수 있었다면 아마 저는 절대 퇴사하지 못했을 겁

니다. 대다수 사람은 절대 깨닫지 못하는 그림 수익화에 대한 진짜
비밀을 이제부터 차근차근 풀어드리겠습니다.

똥손 이과생의 첫 그림 수익

돈을 벌 수 있는 수많은 방법 중, 제가 살면서 단 한 번도 생각해 본 적이 없는 분야가 있었습니다. 그것은 바로 그림이었습니다. 그만큼 저는 그림 실력에 자신이 없었고, 이과 출신인 저와는 너무나도 거리가 먼 다른 세계의 이야기라고 생각했습니다.

그런 제가 디지털 드로잉을 배우게 된 계기는 단순히 취미를 갖고 싶었기 때문이었습니다. 집과 회사를 오가는 삭막한 일상, 그리고 번아웃으로 무기력해진 삶을 바꾸기 위해 취미가 필요했고, 어떤 취미가 저와 잘 맞을지 찾기 위해 스스로 이런 질문을 던졌습니다.

"나는 무엇을 좋아하는 사람이지?"

아버지가 돌아가시고 정신없이 앞만 보고 달리면서 장녀이자 가장으로 살아왔던 저는 이 질문에 답을 하기가 참 어려웠습니다. 이때까지의 저는 반드시 해내야만 하는 일에만 집중하면서 살기에도 삶이 버겁다고 생각해서 좋아하는 일과 취미에 시간을 쓴다는 것은 나에게는 어울리지 않는 사치처럼 느껴졌기 때문입니다.

10대에는 좋은 대학에 가기 위해서, 20대에는 좋은 회사에 들어가 돈을 벌기 위해서 앞만 보는 경주마처럼 살았습니다. 정작 자신이 무엇을 좋아하고 무엇을 하고 싶은지도 모르는 무색 인간이 저였습니다. 오랜 세월 그렇게 살다 보니 내가 무엇을 좋아하는 사람인지 답을 찾기가 어려웠습니다. 그래서 좋아하는 일이 아니라 내가 행복했던 순간이 언제였는지를 떠올려보았습니다.

그러자 초등학생 시절, 친구들과 낙서처럼 똥 그림을 그리며 즐거워했던 추억이 떠올랐습니다. 그 나이 또래의 아이들에게 똥과 방귀는 말로만 들어도 까르르 웃음이 터지는 재미난 대상들이었으니까요. '어릴 적 교과서 한 귀퉁이에 그리고 놀던 똥 낙서 그림을 디지털 드로잉으로 한 번 그려볼까? 이걸로 캐릭터를 만들면 참 재미있겠다.'

그림으로 돈을 많이 벌겠다는 거창한 목표로 시작했다면, 이렇게 꾸준히 디지털 드로잉을 하지 못했을 것입니다. 취미로 디지털 드로잉을 배워서 똥 캐릭터를 만들어보자는 가벼운 마음으로 시작한 똥손 이과생의 도전은 긴 고군분투의 시간이 있었지만, 똥 캐릭터 '떵이'를 완성할 수 있었고, 여기에 자신감을 얻어 네이버 오지큐라는 이모티콘 플랫폼에 떵이 이모티콘을 제안해 승인받고 첫 판매까지 이뤄냈습니다.

'48,577원'

5만 원이 안 되는 소소한 첫 판매 금액이었지만, 저에게는 좋아하는 일, 해보고 싶은 일을 취미로 했을 뿐인데 돈이 벌리는 기적 같은 경험이었습니다. 당시 블로그를 하고 있던 저는 이 기적 같은 경험을 블로그에 일기처럼 남겼고, 비전공자에다 똥손인 저에게 작가님이라는 호칭을 해주는 것이 낯간지러워 '작가' 대신 '자까'라는 단어를 넣어 '떵이자까'라는 이름으로 그림 크리에이터 활동을 본격적으로 하게 되었습니다.

그림을 제대로 배운 적도 없고 심지어는 잘 그리지도 못하는 비전공자임에도 불구하고 내가 그린 그림이 팔릴 수 있다는 것을 깨닫게 되자 그림 취미가 더 즐거워졌고, 단순히 취미를 넘어서 지속 가능한 부업으로 전환할 가능성이 서서히 보이기 시작했습니다.

처음 제가 그림으로 돈을 버는 경험을 한 분야는 이모티콘이지만, 직장 생활을 하면서 디지털 드로잉 취미를 꾸준히 이어가다 보니 이모티콘 제작 말고도 그림으로 돈을 버는 분야가 다양하다는 것을 알게 되었습니다. 특하나 저처럼 비전공자 그림 초보가 경쟁이 치열한 이모티콘 시장에서 돈을 버는 것보다 더 쉬운 방법이 있는데, 이 방법을 다른 비전공자 직장인들과 육아맘들에게 적용해보니 이모티콘보다 돈을 버는 속도가 훨씬 빨라 놀라웠습니다.

그림 비전공자 초보도 이모티콘보다 훨씬 쉽게 돈을 벌 수 있는 꿀 같은 방법. 그것은 바로 스톡 그림입니다. 스톡 그림은 나무, 구름, 과일과 같은 비교적 심플한 그림 일러스트를 그려 플랫폼에 등록해 판매하면서 돈을 버는 분야로 그림을 잘 그리는 사람은 물론이고, 그림 초보자라면 꼭 추천하고 싶은 그림 수익화 분야입니다. 실제로 저뿐만 아니라 그림을 취미로 시작한 비전공자 수강생들도 월세 이상을 꾸준히 벌고 있는 분야가 바로 스톡 그림이기 때문에 그림을 통한 수익 창출이 목표라면 놓쳐서는 안 될 중요한 수익 파이프라인이라 생각합니다.

퇴근 후 30분, 그림 부업의 장점

하루 30분, 이 짧은 시간을 활용해서 취미도 즐기면서 무자본으로 부업 수익을 만들 방법이 있습니다. 대부분의 사람이 부업으로 돈을 버는 것에 성공하지 못하는 이유는 성과가 나올 때까지 꾸준하게 시간을 투입하지 못하고 오늘은 열심히 했다가 직장이나 가정의 일이 바빠지면 내일은 쉬고, 그렇게 한 주가 지나가 버리면서 부업으로 돈을 버는 흐름을 놓치기 때문인데요.

그림 부업은 억지로 돈을 벌기 위해 그림을 그리는 것이 아니라, 평소 그림에 관심이 있고 흥미만 있다면 즐기면서 수익을 낼 수 있는 최고의 방법 중 하나입니다. 저 역시 직장 생활을 하면서 수많은 부업에 도전했지만, 회사 일이 힘든 날이면 퇴근 후 집에서까지 또 다른 일을 해야 한다는 것이 너무 힘들고 괴로워 꾸준히 하지 못한 채 흐지부지되곤 했습니다. 더구나 번아웃과 무기력증을 겪은 뒤에는 직장 생활을 하는 것만으로도 버거웠기 때문에 다른 부업을 시도하기가 쉽지 않았습니다. 그런데 디지털 드로잉으로 첫 수익을 경험하고 나니 그림 부업은 일반적인 다른 부업들과 다르게 명확한 장점이 있었습니다.

'취미가 돈이 된다는 것'입니다. 부업이기에 앞서서 취미가 되기 때문에 다른 부업들에 비해서 스트레스나 피로도가 현저히 적으며 여가 시간이 미래를 위한 투자가 되어 꾸준히 할 수 있는 원동력이 됩니다. 그래서 다른 부업 활동에서는 수없이 많은 실패를 겪었던 분들도 그림 부업에서는 성공하는 경우가 많았습니다. 평범한 직장인이었던 제가 경험한 그림 부업의 장점 3가지입니다.

1. 무자본으로 시작 가능하고 공간과 시간의 제약이 없다

직장인이거나 평범한 사람이 부업을 하거나 돈을 벌기 위해서 새로운 일을 시작할 때는 대부분 초기 자금이 필요합니다. 디지털 드로잉 그림 부업도 아이패드와 같은 드로잉 장비가 필요하지 않나요?

라고 생각하실 수 있지만 저는 노트북 하나로 그림 부업을 시작했고, 현대인이라면 모두 가지고 있는 핸드폰만 있어도 지금 바로 시작하실 수 있습니다.

또한 투입하는 시간이 길지 않으면 초기 세팅 자체가 어려운 다른 분야들에 비해 그림 부업은 하루 30분만 짬을 내어도 시작과 동시에 활동할 수 있습니다. 실제로 저의 수강생들의 하루 그림 부업 투입 시간을 평균적으로 살펴보면 하루 30분에서 길어도 1시간 이내가 가장 많습니다.

저의 경우는 출퇴근 시간을 적극적으로 활용해서 지하철에서 핸드폰으로 그림을 그렸고, 육아하는 육아맘, 육아대디들은 아이가 어린이집을 간 뒤 집안일을 하면서 잠깐 시간을 내거나 하원을 기다리는 5분, 10분 짬짬이 시간을 활용해 돈을 벌고 있습니다.

0원으로 바로 시작이 가능하고 부업을 하기 위한 공간과 시간의 제약이 없으므로 저처럼 직장인이나 학생들도 많이 활동하지만, 특히나 아이를 키우면서 생활비에 보탬이 되고 싶거나 아이 학원비를 벌고 싶은 육아맘 분들이 그림 부업만큼 육아와 병행하기 좋은 게 없다고 말합니다.

2. 사업자등록증이 필요 없고 직장 겸업 이슈에서 비교적 자유롭다

겸업 이슈는 부업과 N잡에 관심이 있는 월급쟁이라면 돈을 벌기도 전부터 가장 신경 쓰이는 이슈입니다. 저 역시 스마트 스토어를 비롯해서 몇 가지 부업들을 도전하면서 지속하기 어려웠던 이유 중의 하나가 사업자등록증을 내야 한다는 부담감이었습니다.

사업자등록증을 만든다고 바로 회사가 알게 되는 것은 아니지만 평범한 직장인들에게는 사업자등록 그 자체만으로 심리적인 거부감이 들기 충분하고, 무엇보다 겸업에 대한 이슈가 많은 공무원이나 공직에서 종사하고 있는 분들은 부업을 하고 싶어도 시도조차 하지 못하는 경우가 많습니다.

그림 부업은 사업자등록증이 필수가 아닙니다. 그래서 저의 수강생분 중에는 아이를 키우면서 월 100만 원 이상을 버는 육아맘, 직딩맘들이 많지만 대부분 사업자등록증 없이 활동을 이어 나가고 있습니다. 또한 공무원이나 공직에 계신 분들도 조직에 겸업 허가받을 때 돈을 버는 부업 활동임에도 그림은 취미의 영역과 맞닿아 있어 큰 문제 없이 허가받아 잘 활동하고 있습니다.

지금까지 그림 수익화를 주제로 강의하면서 약 4천 명이 넘는 수강생을 만나왔습니다. 그중 대기업이나 공직에 계신 분들에게는 그림 겸업 허가받는 방법도 함께 안내해 드리기 때문에, 퇴근 후 잠시 시간을 내어 그림으로 수익을 창출하더라도 직장에서 큰 제재를 받거나 겸업 문제로 이슈가 된 사례는 없었습니다. 스마트 스토어나 다른 부업을 하다가 직장에서 문제가 된 사례가 빈번한 것과 비교하면, 그림 부업은 상대적으로 자유롭게 허용되는 분야라고 할 수 있습니다.

3. 그림을 잘 그리지 않아도 진짜 판매가 된다

"자까님, 저는 진짜로 그림을 잘 못 그려요. 똥손이에요. 똥손"

정말 많은 분이 이렇게 이야기하며 디지털 드로잉을 통한 그림 수익화를 시작할 엄두조차 내지 못합니다. 하지만 정말로 그림을 못 그리는 것이 그림 부업을 시작하는 데 있어 가장 큰 문제일까요?

사실 디지털 드로잉에서는 손재주가 없어서 못 그린다기보다는 드로잉 툴을 제대로 다루는 법을 몰라서 스스로가 그림을 못 그린다고 생각하는 경우가 많습니다. 이 분야에 확실히 재능이 있다고 느껴지는 분들도 있겠지만, 대부분의 평범한 사람들도 디지털 드로잉 툴만 조금 다룰 수 있으면 평소 내 그림 실력에 비해 훨씬 더 잘 그릴 수 있습니다. 그리고 무엇보다 중요한 것은, 그림을 잘 그리는 것과 돈을 잘 버는 것은 정비례하지 않는다는 것입니다.

　처음 디지털 드로잉을 할 때 이 분야로 제가 돈을 벌 것이라고 저역시 생각하지 못했습니다. 비전공자에 똥손 보유자였고 무엇보다그림으로 돈을 버는 사람들은 그림을 잘 그리는 사람들이라고 착각했기 때문이었습니다. 그런데 실제로 경험해보니 그림을 잘 그린다고 해서 수익화가 잘 되는 것도 아니고 그림을 좀 못 그린다고 수익화가 안 되는 것이 아니었습니다.

　예시로, 이 구름 그림 정도면 충분히 스톡 그림으로 판매해볼 수있습니다. 그림에 취미가 있거나 관심이 있는 분들이라면 이 정도그림을 그리는 것은 쉽게 느껴지실 것이고, 생각했던 것보다 쉬워보이긴 하는데 방법을 모르겠다는 분들이라면 조금만 툴 사용법을배우면 금방 그릴 수 있는 그림이기 때문에 그림 실력에 대한 부담감을 내려놓으셔도 됩니다.

그림 취미로 돈을 번다는 것은 단순히 그림으로 얼마를 벌었네 하고 끝나는 일이 아닙니다. 나도 할 수 있다는 용기와 함께 직장 밖에서 혹은 육아를 하면서도 내가 하고 싶은 일로 재능과 경험을 쌓으면서 그것을 돈으로 바꿔나가며 미래를 만드는 과정입니다.

처음에는 누구나 소소한 금액으로 시작하지만, 그림을 취미로 즐기며 시간을 쌓아가다 보면 마치 월세처럼 매달 들어오는 자동화된 수익이 자연스럽게 형성됩니다.

그림 수익화는 아이패드가 없어도 충분히 가능하고 이모티콘 제작 외에도 더 쉽고 재밌는 다양한 수익화 방법들이 있습니다. 이제부터는 퇴근 후 30분, 그림 부업으로 시작해서 하고 싶은 일로 하루를 채워나갈 수 있는 실전 방법을 PART2에서 알려드리겠습니다.

Tip

그림 취미로 수익화하기 적성 체크리스트

그림 취미로 수익화하기가 나에게 맞는 활동일지 궁금하다면, 꼭 체크해 보세요
이 중 체크 항목이 3개 이상인 독자님이라면 그림 부업을 강력 추천합니다!

☐ 실력과 상관없이 그림 그리기에 흥미나 관심이 있다.

☐ 육아와 병행하면서 집에서 할 수 있는 일을 찾고 있다.

☐ N잡 시작을 위해 투자 자금을 쓰기에는 부담스럽다.

☐ 오직 돈을 목적으로 하기보다는 어느 정도 즐기면서 하고 싶다.

☐ 직장 생활과 병행하기에 무리가 없는 부업을 원한다.

☐ 사업자등록증 없이도 할 수 있는 N잡을 찾고 있다.

☐ 생활비에 보탬이 될 월 10만 원이라도 수익화를 해보고 싶다.

☐ 출퇴근 시간 등 자투리 시간을 의미 있게 쓰고 싶다.

☐ 돈 버는 파이프라인을 하나 더 추가하고 싶다.

☐ 수익화 경험을 통해서 자신감, 자존감을 높이고 싶다.

돈 벌어주는 그림 취미,
이렇게 시작하세요

**그림 초보라면
반드시 이것부터!**

그림으로 빠르게 수익을 창출하고 싶다면 시작부터 제대로 된 성장 로드맵을 따르는 것이 좋습니다. 시행착오를 최소화하고 단시간에 성과를 내기 위해 꼭 필요한 과정과 그림 초보자에게 딱 맞는 수익화 방법을 소개해드리겠습니다.

STEP 1: 디지털 드로잉 학습

유화, 아크릴 다양한 그림을 그리는 방법이 있지만 디지털 드로잉은 수정이 쉽고 다양한 상업적 활용이 가능해 그림 수익화에 최적화

되었다고 할 수 있습니다.

이 분야에 대해 아무것도 모르던 시절의 저는, 알고 있는 디지털 드로잉 프로그램은 그림판이 전부였고 그림 장비가 하나도 없는 상황이라 불안한 마음으로 시작했습니다. 만약 저처럼 디지털 드로잉은 들어만 보았고 자세히 알지 못하는 데다가 디지털 드로잉 장비가 없는 상태라면 핸드폰으로 시작해보시는 것을 추천합니다.

일반적으로 아이패드가 있는 분들은 프로크리에이트라는 디지털 드로잉 유료 앱을 구매해서 사용하기 때문에 이 방법이 보편적으로 알려져서 그렇지 꼭 아이패드가 필요한 것은 아니며 개인적으로 저는 지금까지도 아이패드의 필요성을 크게 느끼지 않아 구매하지 않고 있습니다.

평소 사용 중인 핸드폰과 무료 앱을 활용해 0원으로 디지털 드로잉을 시작하는 방법은 PART 2 두 번째 소제목에 자세히 다루었으니 참고해주시기 바랍니다.

디지털 드로잉 학습 단계에서 활용할 수 있는 프로그램의 종류는 크게 무료와 유료로 나눌 수 있는데 그림 초보이면서 아직 그림 수익화에 대해 흥미나 관심을 확신할 수 없는 상태라면 핸드폰과 무료 디지털 드로잉 앱만으로 월 10만 원, 50만 원 이상을 버는 분들도 많으니 무료 프로그램으로 시작하셔도 됩니다.

STEP 2: 그림 수익화 분야 정하기

그림 비전공자인 사람들에게 돈을 벌 방법으로 가장 많이 알려진 그림 수익화 분야는 이모티콘입니다. 그 외에도 굿즈 제작, 캐릭터 산업, 인스타툰 등등 수없이 많은 분야들이 있고 저 역시 이 분야들을 경험해 보았지만, 지금까지 돈을 벌기 가장 쉽다고 느꼈던 분야는 바로 스톡 그림이었습니다.

저뿐만 아니라 그림에 평소 관심이 많아 그림 관련 수익화 분야를 이것저것 경험해 본 분들도 방법만 제대로 알고 활동하면 스톡 그림이 정말 돈 벌기 쉽고 특히나 그림 초보자에게 안성맞춤인 분야라고 이야기합니다.

스톡 그림은 PART 1에서 판매되고 있는 예시 그림처럼 비교적 다른 분야에 비해 간단한 1장의 일러스트를 그려서 디자인 플랫폼에 판매하는 그림입니다. 예시 그림과 같은 이미지를 스톡 그림에서는 요소라고 부릅니다. 요소 1장씩 올려서 판매할 수도 있고 요소들을 여러 개 묶어서 템플릿으로 제작해 판매할 수도 있습니다.

멈춰 있는 카카오 이모티콘의 경우 32개를 완성해야 제안할 수 있고 승인 난이도 또한 높은 편이지만 스톡 그림은 1장의 그림, 즉 1개의 요소만으로도 바로 승인 심사를 받고 플랫폼에 입점해서 판매할수 있기 때문에 드로잉이 낯선 그림 초보자에게 최고의 그림 수익화방법입니다.

물론 내가 그린 그림이 플랫폼에서 승인 거절될 수도 있지만 힘들게 32개를 완성해서 거절당하는 것과 1장이 거절되는 것은 큰 차이입니다. 시간과 심적인 측면에서 1장만 준비하고 거절되는 것이 훨씬 리스크가 적으며, 스톡 그림은 거절 사유가 비교적 명확하므로수정해서 빠르게 다시 심사를 요청해 승인받을 수 있습니다. 내가반드시 그리고 싶은 그림이 있고 그 그림이 아니면 그림에 흥미를잃게 되는 상황이 아니라면, 그림으로 돈을 벌고 싶은 사람들에게최고의 방법입니다.

그림 수익화 분야로 스톡 그림을 선택했다면, 어떻게 평범한 직장인, 학생, 육아맘들이 스톡 그림을 팔아서 자동화 수익을 만들고 있는지 자세한 방법을 알려드릴 테니 끝까지 읽어보시기를 바랍니다.

장비 걱정 NO, 핸드폰 하나로 시작하는 법

디지털 드로잉으로 돈을 벌고 싶은 분들이 자주 하는 질문 중에는 "어떤 드로잉 장비를 사야 할까요? 저는 아이패드도 없어요."라는 질문이 정말 많습니다.

저 또한 처음 디지털 드로잉을 시작하려고 했을 때를 생각해보면 똥손 그림 실력도 걱정이 되었지만 어떤 장비를 사야 하는지 그리고 어떤 드로잉 프로그램을 써야 하는지 고민을 많이 했었기 때문에 질문하시는 분들의 마음이 충분히 이해됩니다.

결론부터 이야기해 드리면 따로 드로잉 장비를 사지 않아도 되고, 유료 디지털 드로잉 프로그램을 구매하지 않으셔도 됩니다. 핸드폰과 무료 디지털 드로잉 앱으로도 충분히 시작할 수 있으니까요. 심지어 무료 앱을 다운받고 회원 가입을 하지 않아도 앱 다운과 동시에 바로 사용할 수 있습니다.

처음 그림을 그릴 당시 저는 이 사실을 몰랐기 때문에 그림판을 사용하면서 너무 불편했었고, 그 이후에는 유료로 구독해야 하는 어도비 일러스트레이터를 신청해두고 사용법을 몰라서 몇 달 동안 구독료를 날리기도 했습니다.

이 글을 읽고 계시는 독자님들은 고민하지 마시고 지금 옆에 있는 핸드폰에서 앱 스토어에 접속해 메디방 페인트를 검색해보세요. 알록달록한 물방울 모양의 아이콘이 있는 어플을 다운받으시면 됩니다. 메디방 페인트는 여러 가지 무료 디지털 드로잉 어플 중 하나로, 업데이트가 원활하며 회원 가입 없이 바로 쓸 수 있어 편리합니다. 제가 핸드폰 드로잉을 할 때 실제로 사용하는 어플입니다.

이제부터 메디방 페인트를 활용한 디지털 드로잉 방법을 알려드리겠습니다.

STEP 1: 메디방 페인트 설치하기

앱을 설치할 기기의 앱 스토어에 접속해 '메디방 페인트'를 검색하여 설치합니다.

STEP 2: 메디방 페인트 기본메뉴 알기

현실에서 그림을 그리기 위해 종이가 필요하듯, 디지털 드로잉에서 종이의 역할을 하는 것이 캔버스입니다. '새로운 캔버스'를 클릭하면 그림을 그리기 위한 용지를 생성할 수 있습니다.

STEP 3: 용지 사이즈 설정하기

캔버스 사이즈는 내가 그림을 그릴 용지의 사이즈입니다. 스톡 그림 판매를 위한 사이즈로는 "폭3000PX, 높이 3000PX, dpi(해상도) 300"을 추천합니다.

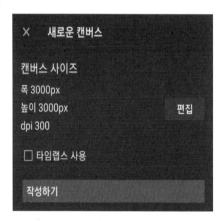

STEP 4: 캔버스에 그림 그리기

가장 왼쪽 상단에 브러쉬 아이콘을 클릭하면 선 그림을 그릴 수 있습니다.

색상과 두께는 화면 가장 왼쪽의 긴 단축 바에서 변경할 수 있고, 오른쪽 하단 팔레트 모양의 아이콘을 클릭해서 상세 조정도 가능합니다. 설치 기기 종류에 따라서 아이콘 위치 차이는 있지만 기본 기능은 같습니다.

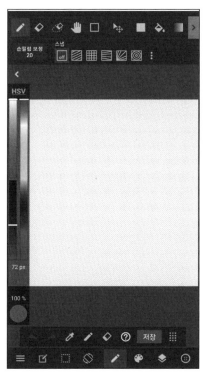

갤럭시 핸드폰 화면

STEP 5: 메디방 페인트 기본 활용법

더 자세한 메디방 페인트 기본 활용법은 공저 책에 더 자세히 다루기 어려워, 별도의 영상으로 준비해두었습니다. 메디방 페인트 기본 활용법(갤럭시 핸드폰)이 더 궁금하신 분은 바코드 영상으로 확인해 보세요

바로 써먹는 다섯 가지 그림 아이디어 발상법

그림을 그리는 것에 익숙해지더라도 무엇을 그려야 할지 그림 아이디어 떠올리기에 어려움을 느끼는 분들이 많습니다. 창작에 익숙하더라도 늘 새로운 아이디어를 찾는 것은 쉽지 않고 특히나 부업으로 그림을 그리는 사람들에게는 시간 또한 자산이기 때문에 효율적으로 빠르게 아이디어를 떠올리는 것이 중요합니다.

지금 바로 써먹을 수 있는 다섯 가지 그림 아이디어 발상 법을 알려 드릴게요. 어떤 그림을 그려야 할지 막막할 때 활용해보시기 바랍니다.

1. 일상생활에서 보이는 그림 요소 살펴보기

길을 걷다 보면 종종 전단지를 받게 됩니다. 또, 인터넷을 사용하다 보면 수많은 광고 이미지와 그림 요소를 마주치죠.

예전에는 이런 일상의 그림 요소들을 무심코 지나쳤습니다. 하지만 그림을 부업으로 시작하고 나니 전단지 속 야채 그림, 현수막에 그려진 강아지 캐릭터 같은 것들이 눈에 쏙쏙 들어오기 시작했습니다.

그림이 돈이 된다는 사실을 깨닫고 나면, 일상에서도 자연스럽게 아이디어가 보이기 시작합니다. 실제로 수강생 중에는 그림 부업을 시작한 후 전단지를 그냥 버리지 않고 집으로 가져와 어떤 요소들이 사용되었는지 분석하는 재미를 느낀다는 분들도 많습니다.

2. 계절과 시즌별 키워드 체크하기

1월은 새해와 명절, 2월은 밸런타인데이와 겨울방학, 3월은 봄맞이와 신학기처럼 계절과 시즌별로 반복되는 트렌드가 있습니다. 이러한 키워드를 미리 체크해 두면, 그림 아이디어가 떠오르지 않을 때도 무엇을 그려야 할지 쉽게 파악할 수 있습니다.

예를 들어, 3월의 키워드를 살펴보면 벚꽃, 새싹, 튤립, 신학기 가방, 공책 등이 떠오릅니다. 이렇게 시즌별 그림 키워드를 정리해 두면, 적절한 시기에 맞춰 그림을 제작하고 판매하여 더욱 효과적으로 수익을 창출할 수 있습니다.

3. 내 그림의 구매 대상 생각해보기

그림이 팔린다는 것은 누군가 내 그림을 구매한다는 것입니다. 따라서 누가 내 그림을 살 것인지를 먼저 생각하면, 그 대상이 필요로 하는 그림을 더욱 쉽게 떠올릴 수 있습니다.

예를 들어, 내가 그린 요소 그림을 어린이집 교사가 구매한다고 가정해 보겠습니다. 그러면 어린이집에서 필요한 아이들 이름표, 한글 교재 삽화, 교실을 꾸밀 때 사용할 가랜드나 꽃 같은 이미지가 떠오를 것입니다.

이처럼 구매 대상을 먼저 설정한 후, 그들이 필요로 하는 이미지를 떠올리면 어떤 그림을 그려야 할지 더욱 명확해집니다.

4. 유행하는 트렌드 확인해 보기

유행하는 문화와 트렌드를 살펴보면 새로운 그림 아이디어를 얻는 데 도움이 됩니다. 예를 들어, 캠핑이 유행하던 시기에는 텐트, 캠핑용 전구, 모닥불 같은 요소 그림이 인기를 끌며 잘 판매되었습니다.

이처럼 트렌드를 미리 파악해 두면, 그림 아이디어를 얻는 것은 물론, 시기에 맞는 적절한 그림을 제작하고 공급하여 판매 수익을 극대화할 수 있습니다.

5. CHAT GPT 활용해서 구체적인 키워드 찾기

지금까지 소개한 네 가지 방법을 기억해 두고, CHAT GPT에 직접 질문해 보세요. 예를 들어, 다음과 같이 질문할 수 있습니다.

"나는 스톡 그림을 그리는 작가야. 3월 봄맞이 시즌에 판매할 요소 그림을 그리고 싶어. 어떤 키워드로 그림을 그려야 할지 알려줘."

이렇게 질문하면 CHAT GPT가 관련 키워드를 상세하게 제시해 주기 때문에 보다 구체적인 아이디어를 쉽게 얻을 수 있습니다. 이를 활용하면 트렌드에 맞는 그림을 빠르게 구상하고, 효과적으로 판매 전략을 세울 수 있습니다.

나는 스톡그림을 그리는 작가야. 3월 봄맞이 시즌에 판매할 요소 그림을 그리고 싶어. 어떤 키워드로 그림을 그려야 할지 알려줘

3월 봄맞이 시즌에 잘 팔릴 스톡 요소 그림 키워드를 추천해 줄게! 🌸🍃🌿

1. 봄 분위기 & 자연 요소

- ☑️ **꽃과 식물**: 벚꽃, 개나리, 튤립, 수선화, 데이지, 라일락, 연두색 새싹, 들꽃
- ☑️ **봄 하늘 & 날씨**: 맑은 하늘, 봄비, 무지개, 따뜻한 햇살, 꽃비
- ☑️ **나비 & 별**: 노란 나비, 흰 나비, 별, 작은 새들 (참새, 제비)

2. 라이프스타일 & 일상 요소

- ☑️ **봄나들이 & 야외 활동**: 돗자리 피크닉, 도시락, 벚꽃 구경, 캠핑, 자전거 타기
- ☑️ **패션 & 아이템**: 가벼운 재킷, 트렌치코트, 꽃무늬 원피스, 밀짚모자, 선글라스
- ☑️ **음식 & 음료**: 봄나물 요리, 딸기 디저트, 벚꽃 라떼, 아이스커피, 소프트아이스크림

3. 시즌 마케팅 & 이벤트 요소

- ☑️ **봄맞이 세일**: "Spring Sale", "Hello Spring", 할인 태그, 쇼핑백
- ☑️ **화이트데이(3월 14일)**: 사탕, 초콜릿, 하트 포장 선물
- ☑️ **개강 & 새 학기**: 노트, 연필, 책가방, 교복, 강의실, 공부하는 사람

4. 감성적인 분위기 & 일러스트 스타일

- ☑️ **부드러운 파스텔 컬러**: 연분홍, 연두색, 베이비 블루, 라일락 컬러
- ☑️ **손글씨 & 캘리그래피**: "Spring Vibes", "봄이 왔어요", "Hello March"
- ☑️ **귀여운 동물 캐릭터**: 토끼, 병아리, 고양이가 꽃을 들고 있는 모습

이 키워드를 참고해서 트렌디한 봄 시즌 스톡 그림을 준비하면 좋을 것 같아! 🌷☑️
어떤 스타일이나 특정 주제를 더 다듬어보고 싶다면 말해줘~ 😊

◁ 🗗 👍 👎 🎙 ⟳ ⌄

ChatGPT에게 메시지를 쓰세요

➕   ⊕ 검색   ◔ 논리적 설명   🎙

왕초보도 성공하는 그림 수익화의 핵심

그림을 멋지게 잘 그리는 사람만 돈을 벌 수 있다면 비전공자인 저를 포함해서 디지털 드로잉 초보들이 수익화에 성공하기란 어려울 겁니다. 수익화의 핵심은 그림 실력이 아닙니다. 왕초보라도 그림 수익화의 핵심을 이해하고 전략을 잘 세운다면 충분히 그림으로 돈을 벌 수 있습니다.

1. 판매 플랫폼의 특징과 고객 이해

그림을 판매하려면 소비자를 이해하는 것이 필수적입니다. 내가 진입하려는 시장에서 어떤 그림을 원하는지 파악해야, 그에 맞는 그림을 공급하여 실제 판매로 이어질 수 있습니다. 아무리 멋진 그림을 그려도 판매하려는 플랫폼의 소비자들이 찾지 않는다면, 결국 판매되지 않습니다.

이러한 실수는 그림 초보자뿐만 아니라 실력 있는 작가들도 자주 범하는 오류입니다. 많은 사람이 대중이 원하는 그림이 아니라, 자신이 그리고 싶은 스타일대로만 작업하는 경우가 많습니다.

특히 스톡 그림은 예술성을 우선하는 것이 아니라, 시기적절하게 대중이 필요로 하는 그림을 제공하는 것이 핵심입니다. 내 취향이 아니라, 고객의 취향과 니즈를 고려하는 것이 중요하다는 점을 잊지 마세요.

2. 빠르게 완성하고 시도하기

그림 실력이 부족하다고 느낄수록 하나의 그림을 완성하는 데 많은 시간을 쏟게 됩니다. 하지만 이렇게 정성껏 그린 그림이 판매로 이어지지 않으면, 실망감이 더 커질 수밖에 없겠죠. 이런 상황이 반복되면, 아무리 그림을 좋아하는 사람이라도 판매에 대한 흥미를 잃기 쉽습니다.

초보자일수록 완벽함을 추구하기보다는 빠르게 완성하고, 판매를 시도해보는 경험을 쌓는 것이 중요합니다. 그려보고 → 판매해보고

→ 결과를 확인한 뒤 다시 시도하는 패턴을 빠르게 반복하며 경험을 쌓아보세요. 이를 통해 판매 흐름을 익히고, 실력도 자연스럽게 성장할 수 있습니다.

3. 나만의 강점을 찾아보기

그림 수익화 분야는 정말 다양합니다. 따라서 어떤 분야에서 더 즐기면서 잘할 수 있는지 찾는 것이 중요합니다.

예를 들어, 귀여운 캐릭터로 감정을 표현하는 데 흥미와 재능이 있다면 이모티콘 제작을 메인으로 하면서, 스톡 그림 작가로서 간단한 캐릭터를 그려 서브 플랫폼으로 활용하는 것도 좋은 전략입니다.

반면, 감정 표현보다는 계절이나 트렌드에 맞춰 다양한 요소를 그리는 것을 좋아한다면, 스톡 그림을 메인으로 활동하는 것이 적합합니다. 이 경우, 나의 주요 고객층이 어떤 그림을 원하는지 파악하면서 강점을 발굴해 나가면, 스톡 그림 플랫폼을 확장해 더 빠르게 수익을 창출할 수 있습니다.

지금까지 그림 초보가 돈 벌어주는 그림 취미를 시작하기 위한 전반적인 방법들을 알려드렸습니다. 그렇다면 이렇게 그려둔 그림을 어디에 그리고 어떻게 판매하는 것일까요? PART 3에서 그림을 판매하는 실전 방법과 노하우를 알려드릴게요.

Part 3

직장 다니면서
그림으로 월세 버는 노하우

그림으로 월세 벌기 좋은 추천 플랫폼

자, 이제 디지털 드로잉 프로그램의 기본적인 사용법을 익혔다면, 다음 단계는 어떤 분야에서 그림을 수익화할지 결정하는 것입니다. 초보자에게 가장 추천하는 분야는 스톡 그림입니다. 만약 스톡 그림을 시작하기로 결정했다면, 국내외 10곳 이상의 스톡 그림 플랫폼 중, 가장 먼저 도전해볼 만한 추천 플랫폼이 있습니다. 바로 많은 분이 단순한 디자인 플랫폼으로만 알고 사용하고 있는 '미리캔버스'입니다.

다음 이미지는 '미리캔버스 디자인허브' 플랫폼에 기여자(크리에이터)로 그림 요소 판매 부업을 하는 수강생들의 한 달 수익 금액입니다.

2025. 01	₩188,715 · KRW ¥ 6 ·········· JPY $0.1 ·········· USD	2025. 01	₩305,696 · KRW $0.04 ········· USD ¥ 57 ·········· JPY
2025. 01	₩505,454 · KRW ¥130 ·········· JPY $0.34 ········· USD	2025. 01	₩1,199,643 · KRW $1.26 ········· USD ¥ 27 ·········· JPY

대학 시절에 살았던 작은 원룸의 월세 금액부터 수도권 아파트 월세 금액에 이를 만큼 다양한 금액은, 놀랍게도 '미리캔버스 디자인 허브' 플랫폼에서 번 한 달 수익입니다. 지금은 이렇게 그림으로 월세를 벌고 있는 분들도 처음 시작할 때는 이런 성과가 나올 것이라곤 상상도 하지 못했다고 이야기합니다.

그림 그리는 것이 재미있어서 활동 방법을 배우고 꾸준히 그림을 그리다 보니 어느새 월세를 벌게 되는 수준으로 차근차근 성장해 나간 것이죠.

그리고 이그사의 고성과자 분들은 월세가 아니라 월 200~300만 원의 어지간한 월급 수준까지도 벌고 있습니다.

	₩2,272,235 · KRW		₩3,188,443 · KRW
2025. 01	¥124 ·········· JPY	2025. 01	¥176 ·········· JPY
	$3.38 ·········· USD		$2.72 ·········· USD

'미리캔버스'는 소비자들이 디자인을 활용하고 제작할 수 있는 플랫폼입니다. 반면, '미리캔버스 디자인허브'는 그림 제작자들이 요소 그림이나 템플릿을 등록하여 수익을 창출할 수 있는 마켓플레이스입니다.

요소 그림을 판매하고 싶다면 '미리캔버스'가 아니라 '미리캔버스 디자인허브'에 접속해서, 회원 가입을 진행해야 합니다. 이때 주의할 사항은 회원 가입 시 입력한 메일 주소로 가입 인증 확인 메일이 발송되는데, 인증 유효 기간이 있어서 회원 가입 즉시 메일 인증까지 완료하는 것이 좋습니다.

미리캔버스 디자인허브에서는 그림뿐만 아니라 사진, 영상 등 다양한 콘텐츠를 판매할 수 있습니다. 일반적으로 다른 플랫폼에서는 콘텐츠를 업로드하기 전에 포트폴리오 심사를 통과해야 하는 경우가 많아 요소 그림을 등록하는 데 제한이 있습니다. 하지만 미리캔버스 디자인허브는 회원 가입 즉시 요소 그림을 업로드할 수 있어, 포트폴리오 준비가 익숙하지 않은 초보자도 부담 없이 쉽게 시작할 수 있습니다.

　무엇보다 미리캔버스 디자인허브의 주요 소비층은 전문 디자이너가 아닌 일반인이기 때문에, 그림 초보자가 만든 요소 그림도 충분히 선택받고 판매로 이어지고 있습니다. 반면, 일부 플랫폼은 전문 디자이너가 주된 소비층이어서, 초보자가 입점하는 것 자체가 어렵고, 입점 후에도 판매로 연결되기 쉽지 않습니다.

따라서 초보자도 쉽게 시작할 수 있는 '미리캔버스 디자인허브'에서 첫걸음을 떼는 것을 추천합니다. 앞으로 차근차근 다양한 플랫폼으로 확장해 나가겠지만, 처음에는 진입 장벽이 낮고 판매 기회가 많은 곳에서 경험을 쌓는 것이 중요합니다.

하루 30분
월세 버는 작업 루틴,
공개합니다

"퇴근하고 나면 너무 피곤해서 손 하나 까딱하기 힘들어요."

많은 직장인과 육아맘들이 공감하는 현실적인 고민입니다. 하지만 시간을 쪼개어 꾸준히 작업하는 루틴을 만들어두면, 하루 30분의 작은 습관이 결국 지속적인 수익으로 이어질 수 있습니다.

스톡 그림 부업은 특성상 초반 수익이 몇 원, 몇십 원처럼 아주 작고 소소한 금액으로 시작됩니다. 하지만 시간이 지나면서 플랫폼에 공급한 요소 그림의 수량이 늘어나면, 수익이 점점 쌓이고 중첩되어 증가하게 됩니다.

하루 30분씩 꾸준히 작업하여 쌓아온 요소 그림이 점점 늘어나면, 처음에는 커피 한 잔 값 정도였던 수익이 치킨값으로 늘어나고, 이어서 월 10만 원, 아이 학원비, 그리고 월세를 충당할 수 있는 수준으로 성장하게 됩니다. 결국, 매달 든든한 추가 수익이 되어 경제적 여유를 더해줄 수 있습니다.

지금부터 하루 30분, 이렇게 사용해보세요.
월세를 만들어주는 작업 루틴을 알려드리겠습니다.

우리의 목표는 그림 한 장을 완성하는 것이 아니라, 하루 30분씩 꾸준히 작업하는 습관을 만드는 것입니다. 초반에는 결과물의 완성도에 집착하기보다, 작업 시간을 습관화하는 데 집중해야 합니다. 예를 들어, "평일에는 퇴근 후 밤 10시부터 10시 30분까지 그림을 그린다"처럼 구체적인 시간을 정해 루틴화하면 더욱 효과적입니다.

또한, 하루 30분을 집중해서 그림을 그리기 위해서는 출퇴근 시간이나 점심시간 등을 활용해 미리 아이디어를 정리하거나 레퍼런스(그림 창작물을 만들 때 참고로 하거나 영향을 줄 수 있는 다른 사람의 창작 이미지)를 수집해 두는 것이 좋습니다. 이렇게 하면 작업 시간을 보다 효율적으로 활용할 수 있습니다.

이렇게 사전에 준비해둔 아이디어와 레퍼런스를 기반으로 20분

~25분으로 타이머를 설정해서 그림 1장을 그려보세요.

저는 수강생들에게 그림을 그릴 때 반드시 타이머로 시간을 정해두라고 이야기를 드립니다. 간혹 그림 1장을 그리는 것에 1시간 이상 많게는 3시간을 투입하는 분들이 있습니다. 디지털 드로잉 연습할 때는 시간을 들여서 툴을 익히는 것이 맞지만, 판매할 스톡 그림 1장에 이렇게 많은 시간을 쓰는 것은 수익화 측면에서 좋은 것이 아닙니다.

스톡 그림 분야는 고퀄리티의 디테일한 이미지가 아니라 간단하고 단순해서 여기저기 쓰이기 좋은 이미지가 잘 판매됩니다. 스톡 그림에 명암이나 그림자를 자세히 표현하는 것은 그림을 그리는 작가의 만족일 뿐 대중들이 사용하기에 좋은 그림은 아니니 시간을 정해두고 그려야 작업 효율을 높일 수 있습니다.

이제 남은 시간은 완성한 요소 그림을 '미리캔버스 디자인허브'에 업로드 하는 데 사용합니다. 업로드를 하는 방법은 해당 플랫폼에 회원 가입 후 헬프 센터를 참고하면 자세히 확인할 수 있습니다.

디자인허브 헬프센터 사이트

이 과정에서 팁을 드리자면, 그림 콘텐츠를 업로드 할 때 사이즈 규격 범위가 너무 다양해서 어떤 사이즈로 그림을 그려야 할지 모르겠다고 말하는 분들이 많습니다.

확장자	최소 해상도	최소 해상도 사이즈 (px)	최대 해상도 사이즈 (px)	최대 용량 (KB/MB)
PNG	120dpi	700	9800	50MB

"3000px*3000px , 300dpi"

PNG 콘텐츠를 제작하여 업로드할 때는 권장 용지 사이즈와 해상도를 설정한 후 작업하는 것이 좋습니다. 사실 미리캔버스 디자인허브에서만 활동할 경우, 규격 범위 내에서 다른 사이즈로 작업해도 큰 문제는 없습니다. 하지만 다음 장에서 소개할 '그림 자동화 수익 파이프라인' 기술을 활용하려면, 지금 안내하는 3000×3000픽셀, 300dpi가 가장 최적화된 디지털 드로잉 용지 사이즈입니다.

그림 자동화 수익 파이프라인을 만드는 법

스톡 그림은 단 한 장의 요소 그림만으로도 판매할 수 있으며, 간단한 그림에 대한 수요도 많아 비교적 적은 시간을 투자하면서도 취미로 수익을 창출할 수 있습니다. 하지만 가장 큰 장점은 '그림 자동화 수익 파이프라인'을 구축할 수 있다는 점입니다.

앞서 월세를 벌기 좋은 추천 플랫폼으로 '미리캔버스 디자인허브'에서 요소를 판매하는 방법을 소개했는데, 이때 업로드한 그림의 저작권은 그림 작가에게 그대로 남아 있습니다. 이를 플랫폼과의 비독점 계약 형태라고 합니다. 이처럼 비독점 계약이 가능한 국내 플랫폼에는 '미리캔버스 디자인허브' 외에도 '크라우드픽', '툴디', '유토 이미지' 등이 있습니다. 따라서, A라는 플랫폼에 요소 그림을 판매 중이라면, 동일한 그림을 B와 C 플랫폼에도 업로드하여 추가로 판매할 수 있습니다.

플랫폼마다 주요 고객층과 인기 있는 콘텐츠 유형이 다를 수 있지만, 한 번 그린 그림을 여러 플랫폼에서 동시에 판매할 수 있기 때문에 같은 그림으로 다양한 수익 창출이 가능합니다. 이를 활용하면 시간을 들여 작업한 그림의 가치를 극대화할 수 있습니다.

그림 초보에게 추천하는 국내 플랫폼 TOP 3입니다.

1. 미리캔버스 디자인허브
2. 크라우드픽
3. 툴디

이 외에 유토 이미지와 통로 이미지도 있지만 해당 플랫폼은 주요 고객이 디자인 전문 인력이기 때문에 스톡 그림 작가로 활동하면서 그림 실력과 요소의 수량이 더 쌓이기 시작했을 때 플랫폼 입점을 시도해보시길 바랍니다.

한 번 요소 그림이나 템플릿을 업로드 해두면, 플랫폼에서 알아서 판매하고 정산까지 해주기 때문에 회사에서 일할 때나 육아를 하면서도 자동화 수익을 만들어 나갈 수 있습니다.

월세 벌어다 주는 잘 팔리는 그림은 따로 있다

그림 취미가 월세를 벌어준다고? 정말 가능합니다. 하지만 아무 그림이나 그린다고 해서 모두 잘 팔리는 것은 아닙니다. 사람들이 사고 싶어 하는, 잘 팔리는 그림에는 분명한 특징이 있습니다. 이제 초보자도 쉽게 수익을 낼 수 있는 잘 팔리는 그림의 특징과 수익화 전략에 대해 알려드리겠습니다.

1. 브러쉬 디자인의 중요성

그림 초보자들은 브러쉬 종류가 다양하다 보니 어떤 브러쉬를 써야 하는지, 선 색과 굵기를 어떻게 조절해야 하는지 어려워합니다.

스톡 그림의 경우 표면이 매끄럽고 깔끔한 브러쉬를 추천합니다. 스톡 그림의 특성상 깔끔한 이미지들이 많이 판매되기 때문에 표면이 거칠거나 매끄럽지 않은 브러쉬로 그려진 그림은 깔끔한 느낌을 주기 어려워서 판매되지 않을 확률이 높습니다.

2. 플랫폼 사용자의 특징을 반영

플랫폼마다 사용자의 특징이 모두 다릅니다. 어떤 플랫폼은 학생 사용자의 비중이 높고, 또 다른 플랫폼은 어린이집 교사들의 사용 비중이 높기도 합니다. 각각의 사용자 특징을 이해하고 그 사용자들이 필요할 만한 그림을 공급해주어야 그림이 팔립니다. 어린이집 교사들이 많이 활동하는 플랫폼에 진중하고 무거운 그림들을 올린다면 그림의 판매도는 매우 저조할 것입니다. 이처럼 사용자의 비중과 특성을 고려해 그림을 입점시켜야 내 그림들이 월세를 벌어주게 됩니다.

3. 시즌과 트렌드를 반영한 그림

1년 내내 꾸준히 팔리는 그림도 있지만 특정 시즌과 관련된 그림은 짧은 시간 안에 폭발적인 수익을 가져다줍니다. 예를 들어 졸업 입학 시즌에는 졸업 모자와 졸업장 그림 판매가 높고 설날과 추석 같은 명절에는 한복을 입은 캐릭터, 복주머니, 전통 문양들이 잘 판매될 것입니다.

이런 시즌성 그림들은 사용 기간이 제한적일 수 있지만 그만큼 수요가 폭발적이기 때문에 미리 시즌과 트렌드를 잘 파악해서 철저히 준비하면 높은 판매 수익을 올릴 수 있습니다. 시즌과 트렌드 키워드를 찾는 것은 그림 아이디어를 얻는 과정이기도 하지만 실제로 그림 판매 수익과 직결되는 중요한 부분이니, 해당 시즌에 판매할 그림을 미리 그려서 플랫폼에 입점해 두는 준비 과정이 필요합니다.

퇴사는 무섭지만, 덕업일치는 할 수 있어요

퇴사보다 쉬운 선택, 부업으로 그려내는 나의 미래

대부분의 직장인은 가슴속에 사직서를 품고 살아갑니다. 하지만 막상 퇴사를 결심하는 것은 두렵고 막막한 일입니다. 퇴사 후 마주할 불확실한 미래와 사라진 월급, 그리고 경제적인 부담감은 쉽게 결정을 내리지 못하게 만듭니다.

하지만 퇴사만이 유일한 선택지는 아닙니다. 우리는 다른 길을 선택하면서도 충분히 내 삶을 주체적으로 살아갈 수 있습니다. 그 방법 중 하나가 바로 퇴근 후 시간을 활용한 부업 활동입니다. 특히, 이 부업이 나의 취미이면서 동시에 수익까지 창출해 준다면 스트레스 없이 더욱 즐겁게 작업할 수 있겠죠.

저 역시 직장 생활에 번아웃을 느끼며 퇴사를 고민했던 평범한 직장인이었습니다. 하지만 취미로 시작한 그림이 제 삶을 더 활기차게 만들어 주었고, 월급 외 추가 수입까지 생기면서 퇴사는 더 이상 막연한 고민이 아니게 되었습니다. 덕분에 단순히 퇴사할지 말지를 고민하는 것이 아니라, 퇴근 후 시간을 활용해 인생의 새로운 페이지를 차근차근 준비할 수 있었습니다.

디지털 드로잉 그림 부업은 말 그대로 본업이 아니기 때문에 부담이 적고, 별도의 투자 자금 없이 가볍게 시작할 수 있다는 장점이 있습니다. 하지만 금전적인 손실이 없다는 이유로 쉽게 포기하기도 쉽고, 혼자서 그림을 그리다 보면 외로움을 느끼거나 꾸준히 지속하는 것이 어려울 수도 있습니다.

이런 어려움을 겪는 분들을 위해 그림 수익화 전문 네이버 카페 '이그사' 커뮤니티를 운영하고 있습니다. '이그사'에서는 그림이라는 공통 관심사를 가진 1.1만명의 회원들이 모여 정보를 나누고 있으며, 많은 그림쟁이 분들이 모여있는 인기 커뮤니티인 만큼 그림 분야 서평 도서 이벤트와 드로잉 장비 체험 이벤트들이 협찬으로 진행되고 있습니다.

이 책을 통해 그림 수익화에 관심을 가지게 되었고, 더 많은 정보를 얻고 싶다면 네이버 카페 '이그사' 커뮤니티 활동을 추천합니다. 비슷한 관심사를 가진 사람들과 온라인·오프라인에서 소통하며 실제 경험을 나누고, 서로 응원하며 성장해보세요

퇴사보다 쉬운 그림 부업 취미로 일상의 활기는 물론 멋진 미래를 그려나가실 수 있습니다.

Tip

그림 전업을 꿈꾼다면? 사전준비 체크리스트

만약 그림 전업 작가를 꿈꾼다면, 꼭 체크해 보세요.
이 중 체크 항목이 최소 5개 이상 준비돼 있어야 안정적으로 창작 생활을 지속할 수 있습니다.

☐ 6개월 이상의 생활비를 저축해 불안정한 상황을 대비했다.

☐ 그림 수익 외에도 다양한 수익 파이프라인이 확보되어 있다.

☐ 작업 루틴과 습관이 안정적이고 지속 가능한 상태이다.

☐ 내 작품을 홍보할 SNS 계정과 마케팅 전략이 준비되어 있다.

☐ 불규칙한 수익과 고독한 창작 활동을 견딜 마음가짐이 준비되어 있다.

☐ 건강 보험, 연금, 세금 등 직장 밖에서 관리할 부분을 대비했다.

☐ 작가 생활하면서 정보를 나누고 교류할 커뮤니티가 있다.

☐ 퇴사 후 목표와 단계별 계획이 명확하게 설정되어 있다.

☐ 지금의 회사가 싫어서 도피하는 형태로 퇴사를 하는 것이 아니다.

☐ 퇴사 후 예상보다 수익이 저조할 때 대응 계획이 마련되어 있다.

4
로하우

Intro.

"로하우"는 누구?

지금은 강사의 마케팅을 도와주는 회사에서 '이사'라는 직책을 맡고 있지만, 저의 첫 직장은 제약회사 생산직이었습니다.

이 책을 읽는 여러분들과 저는 다른 게 하나도 없는 평범한 사람이었습니다. 저는 심지어 대학교에 가기 위해서 4수까지 했습니다. 남들이 부러워하는 인서울 대학교에 가기 위해서 노력했지만 제 노력과 달리 원하는 대학에 갈 수 없었기에 빨리 돈을 벌기 위해서 전문대 입학을 선택했습니다.

그렇게 전문대에 다니면서, 제 첫 직장의 목표는 오직 '돈'이었습니다. 그래서 학교에서도 가장 높은 연봉을 주는 대기업과 중견 기업을 중심으로 원서를 넣기 시작했습니다. 4수를 한 끝에 27살이 되어서야 첫 직장을 찾게 되었습니다. 늦은 나이에 취업을 시작하다 보니 서류 합격조차 하늘의 별 따기였고, 약 50개의 지원서를 쓰는 동안 합격한 곳은 단 한 곳뿐이었습니다.

그 한 곳이 처음 서류를 낸 곳이었습니다. 처음 합격 소식을 듣고 저는 제가 자기소개서를 잘 쓰는 줄 알았습니다. 그래서 별다른 준비 없이 면접을 보러 갔고, 당연하게도 대기업에서 탈락했습니다. 이후 다시 50곳에 지원했지만, 그 어떤 곳에서도 합격 문자를 받지 못했습니다.

그때 든 생각이 "100개까지만 써 보자"라는 오기였습니다. 그렇게 목표를 정하고 지원을 이어가던 중, 70~80개를 넘어서면서 면접 기회가 점점 많아졌고, 결국 저는 27살 11월, 첫 직장에 입사할 수 있었습니다.

돈을 빨리 벌고 싶어서 전문대에 진학했기 때문에, 당연히 가장 높은 연봉을 주는 제약회사 생산직으로 첫 직장생활을 시작했습니다. 회사에 들어가 보니, 선배들의 모습을 통해 제 미래가 그대로 그려졌습니다. 열심히 하면 팀장이 되고, 부장을 거쳐 언젠가는 '이사'라는 직함까지 오를 수 있겠다고 생각했습니다. 당시 저는 회사에 다니면 누구나 '이사'가 될 수 있는 줄 알았습니다. 어린 시절 아버지의 직함이 '이사'였기 때문에, 저도 자연스럽게 그 직함을 가질 수 있을 거라 믿었던 것이죠. 하지만 현실은 달랐습니다. 입사하는 것보다 '이사'가 되는 것이 훨씬 더 어려운 일이었습니다. 매년 100명이 넘는 신입사원이 들어오지만, '이사' 자리는 단 세 자리뿐이었기 때문입니다.

첫 직장에 입사한 후, 저는 뚜렷한 목표가 있었기 때문에 자격증을 따고 영어 공부에도 집중하며 토익 점수를 올리는 등 자기 계발에 힘썼습니다. 그렇게 하면 제 몸값을 올릴 수 있을 거라 믿었습니다. 하지만 2020년, 코로나가 터지면서 연봉이 동결되었고, 그제야 저는 아무리 노력해도 스스로 몸값을 높이는 것이 쉽지 않다는 현실을 깨달았습니다. 더 절망적이었던 것은, 제 월급과 20~30년 근무한 선배들의 월급 차이가 고작 150~200만 원 정도에 불과했다는 점이었습니다. 결국 매년 월급이 올라도 많아야 5만 원 수준이라는 현실이 선명하게 보였고, 깊은 좌절감을 느꼈습니다. 게다가 제가 배치된 부서는 회사에서 가장 힘든 부서로 꼽히는 곳이었기에, 미래에 대한 불안감은 더욱 커져만 갔습니다.

3년 동안 열심히 회사에 다니던 어느 날, 맹장 수술을 받게 되었습니다. 수술 후 겨우 3일 만에 다시 출근했지만, 몸을 쓰는 일이었기 때문에 회복되지 않은 몸으로 버티는 것이 쉽지 않았습니다. 그런데도, 제가 빠지면 누군가 대신 더 많은 일을 해야 했기에 눈치가 보였고, 무리해서라도 일해야 한다는 부담감이 컸습니다. 그러던 중 '나이가 들어 몸이 아프면, 더 이상 이 일을 할 수 없겠구나' 하는 생각이 스쳤습니다. 그때부터 저는 '내가 하면 할수록 수익이 늘어나는 일'에 관심을 갖기 시작했습니다. 그렇게 블로그와 다양한 N잡(부업)을 준비하며 새로운 도전에 나섰고, 결국 지금은 제가 목표했던 대로 한 회사의 '이사' 직함을 갖게 되었습니다.

4수를 하고 전문대를 졸업한 저도 가능했던 자본 없이 지식을 판매하는 사업은 정말 획기적이었습니다. 여러분도 아시다시피, 전문대를 나와 제약회사 생산직으로 일했던 제 지식이 특별할 리 없었습니다. 하지만 그런 평범한 저도 회사에 다니면서 부업으로 돈을 벌 수 있었고, 그 방법과 노하우를 이 책에 담았습니다.

직장이 싫지만 퇴사는 두려운 여러분.

지금 이 책을 집어 든 이유도 어떤 돌파구를 찾고 싶어서가 아닐까요?

제 이야기를 읽어 보시고, 2025년에는 한 번 도전해 보셨으면 좋겠습니다.

저처럼 평범한 사람도 가능했던 이야기이기에, 이 책을 읽고 계신 여러분이라면 저보다 더 빠르게 성공할 수 있을 것이라 확신합니다.

Part 1

시작은
작은 아이디어로

내 아이디어가
돈이 될 줄 몰랐어요

    퇴근 후 집에 돌아와 인터넷에 'N잡'을 검색하며 네이버 블로그를 둘러보던 때가 떠오릅니다. "이렇게 많은 사람이 블로그를 하는데, 어떻게 하면 더 많은 사람이 내 글을 읽을까?" 처음에는 단순한 호기심이었습니다. 당시 저는 취미로 블로그를 운영하며, 자기 계발을 하면서 배운 것들을 기록하고 있었습니다. 하지만 하루 방문자가 겨우 10명 남짓이라 속상하기도 했습니다.

    그래서 네이버 블로그에 대해 본격적으로 공부해 보기로 결심했습니다. 검색엔진최적화(SEO)부터 시작해 제목 작성법, 글 구성 방법, 키워드 찾는 법까지…. 하나하나 깊이 파고들수록, 네이버 블로그에서 '기술'이 얼마나 중요한지 깨닫게 되었습니다.

처음에는 제가 공부한 내용을 그대로 블로그에 기록했습니다. '오늘 배운, 노출이 잘 되는 방법', '효과적인 블로그 제목 작성법', '네이버 검색 노출을 높이는 방법' 그런데 생각보다 많은 분이 제 글에 관심을 보이기 시작했습니다.

"와, 이런 방법이 있었네요! 덕분에 제 블로그 방문자가 늘었어요."
"노출이 너무 어려웠는데, 쉽게 설명해주셔서 감사해요."

이런 댓글들이 하나둘 달리기 시작했습니다.

무자본? 당장 할 수 있는 지식 창업

블로그를 시작하는 데에는 스마트폰이나 컴퓨터 한 대면 충분했습니다. 저는 출근 전과 퇴근 후 카페에서, 주말에는 집에서 글을 썼습니다. 초기 투자 비용이라고 해봐야 카페에서 마시는 아메리카노 값이 전부였죠.

하지만 더 중요한 '투자'가 있었습니다. 바로 '공부'였습니다. 블로그 성공을 위해서는 체계적인 학습이 필요했습니다. 상위 노출 방법, 콘텐츠 기획, 글쓰기 기술…. 이런 것들을 배우기 위해 관련 서적을 읽고, 유료 강의도 들었습니다. 한 달 수입의 상당 부분을 학습에 투자했죠.

특히 집중했던 것은 '상위 노출 방법'이었습니다. 사람들이 어떤 정보를 찾는지, 어떤 고민을 가지고 있는지 파악하는 것이 중요했거든요. 네이버 데이터랩, 블로그 채널 분석, 검색어 트렌드 등을 매일 들여다보며 인사이트를 얻었습니다.

"그냥 알려줬을 뿐인데요?"

제가 받은 첫 오프라인 수업 의뢰는 지역 상주 오피스의 소모임이었습니다. 블로그를 운영하고 싶은데 방법을 모르겠다는 거였죠. 처음에는 망설였습니다. '내가 과연 남을 가르칠 만큼 아는 걸까?' 하는 의구심이 들었거든요.

하지만 용기를 내어 수업을 시작했습니다. 제가 실제로 블로그를 운영하면서 배운 것들, 시행착오를 겪으며 알게 된 팁들을 하나하나 전달했죠. 예상과 달리 반응이 무척 좋았습니다.

"어려울 줄 알았는데, 이렇게 차근차근 알려주니까 쉽네요."
"실제로 해보시면서 겪은 경험을 들려주셔서 더 와닿았어요."

그때 깨달았습니다. 제가 가진 지식이 누군가에게는 절실히 필요한 정보라는 것을요.

지식 콘텐츠, 알고 보니 내 일상 속에 있었다

블로그 운영 노하우는 계속해서 쌓여갔습니다. 포스팅을 50개, 100개 작성하면서 더 효율적인 글쓰기 방법, 더 효과적인 검색 노출 방법을 터득했죠. 이런 경험들이 모두 콘텐츠가 되었습니다.

특히 인기 있었던 콘텐츠는 '자주 묻는 Q&A'였습니다. 제가 겪었던 시행착오, 실수했던 부분들을 솔직하게 공유했더니 많은 공감을 얻었죠. '검색 상위 노출을 위해 시도했다가 실패한 방법들', '방문자 수를 떨어뜨린 치명적인 실수들' 같은 내용이었습니다.

또한 제 콘텐츠만의 특징이 생겼습니다. '직장인도 할 수 있는 블로그 운영법'이라는 컨셉이었죠. 실제로 블로그를 운영하면서 겪은 일들, 직접 시도해 본 방법들을 위주로 이야기했습니다. 이론이 아닌 실전 경험을 전달하다 보니 신뢰도가 높아졌습니다.

네이버 검색 1위? 지금부터 시작입니다

처음으로 제 글이 네이버 검색에서 상위 노출되었을 때는 '블로그 상위 노출 방법'이라는 키워드였습니다. 정말 기뻤죠. 하지만 이게 끝이 아니라 시작이라는 것을 곧 깨달았습니다.

검색 상위 노출은 더 큰 책임감을 의미했습니다. 더 정확한 정보를 전달해야 했고, 더 쉽게 설명하는 방법을 연구해야 했습니다. 매일 달리는 댓글과 질문들은 새로운 콘텐츠의 영감이 되었고, 독자들의 피드백은 더 나은 콘텐츠를 만드는 밑거름이 되었습니다.

특히 신경 썼던 부분은 '초보자의 눈높이'였습니다. 아무리 좋은 정보라도 이해하기 어려우면 소용없다는 것을 알았기 때문입니다. 전문 용어는 최대한 쉽게 풀어서 설명했고, 모든 과정을 스크린샷과 함께 상세히 기록했습니다.

이런 노력이 모여서 자연스럽게 '네이버 블로그 전문가'라는 타이틀이 만들어졌습니다. 이제는 주변에서 직원 교육을 위해 강의를 요청하기도 하고, 개인 블로그를 봐달라고 컨설팅 요청까지 오곤 합니다.

블로그를 통한 지식 창업은 제 인생의 터닝포인트가 되었습니다. 평범한 직장인이었던 제가 이제는 강의도 하고, 자문도 하는 전문가가 되었으니까요. 물론 아직도 회사에 다니고 있지만, 이제는 '선택 가능한 삶'을 살고 있다는 것이 가장 큰 변화입니다.

여러분도 할 수 있습니다. 지금 당장 시작해 보셨으면 좋겠습니다. 여러분이 알고 있는 것, 경험한 것들을 기록하고 공유해 보세요. 그것이 누군가에게는 소중한 지식이 될 수 있습니다. 블로그를 통한 지식 창업은 특별한 능력이나 거창한 계획이 필요하지 않습니다. 그저 꾸준히 기록하고, 진정성 있게 공유하면 됩니다.

다음 파트에서는 첫 성공을 이루기까지의 구체적인 이야기를 들

려드리도록 하겠습니다. 작은 성공이 어떻게 더 큰 기회로 이어졌는

지, 그 과정에서 배운 것들을 진솔하게 나누어 보려고 합니다.

Part 2

작은 성공이
큰 기회로

내 첫 수익, 10만 원짜리 라이브 강의였어요

블로그를 시작한 지 6개월째 되던 날, 처음으로 비밀 댓글이 달렸습니다.

"선생님 강의해 주실 수 있나요? 개인적으로 배우고 싶어요."

처음에는 망설였습니다. '내가 과연 누군가를 가르칠 만큼의 실력이 있을까?' 하는 의구심이 들었기 때문입니다. 하지만 그동안 블로그에 기록해 온 것들을 떠올려보니, 분명 나눌 수 있는 이야기가 있다는 확신이 들었습니다.

첫 강의 준비는 정말 꼼꼼하게 했습니다. 2시간짜리 강의를 위해 무려 2주 동안 준비했죠. 제가 블로그를 시작하고 성장시키기까지의 모든 과정을 누구나 따라 할 수 있도록 단계별로 정리했습니다. 그리고 드디어 강의 당일, 강의장에 도착해 보니 수강생은 저와 같은 직장인이었습니다. 부업으로 블로그를 시작하고 싶지만, 방향을 잡지 못하고 있다고 하더군요. 2시간 동안 제가 알고 있는 모든 것을, 진심을 다해 전달했습니다.

특히 집중했던 부분은 '실전 팁'이었습니다.
- 검색 노출이 잘되는 제목 작성법
- 네이버가 좋아하는 글쓰기 방식
- 방문자가 자주 찾는 키워드 찾기
- 블로그 체류 시간을 높이는 방법

강의가 끝나고 받은 첫 피드백을 잊을 수 없습니다.

"와, 이런 방법이 있었다니... 이제야 길이 보이네요. 정말 감사합니다!"

그날 받은 10만 원은 제 인생 첫 '지식 수입'이었습니다. 금액의 크기보다 중요했던 것은 제가 가진 지식으로 누군가에게 실질적인 도움을 줄 수 있다는 확신이었습니다.

이 첫 경험을 통해 깨달은 것이 있습니다. 사람들이 원하는 것은 단순한 정보가 아니라는 것입니다. 그들은 '실제로 적용 가능한 해결책'을 원했습니다. 인터넷에는 이미 수많은 정보가 있지만, 그것을 자신의 상황에 맞게 적용하는 방법을 알려주는 사람은 많지 않았던 거죠.

한 달 뒤, 그 수강생의 블로그 방문자 수가 100명을 넘어섰다는 연락을 받았습니다. 3개월 후에는 하루 300명을 달성했다고 하더군요. 그리고 그분의 지인들로부터 또다시 강의 요청이 들어오기 시작했습니다.

입소문을 타자 점점 더 많은 분이 강의를 요청해 왔습니다. 처음에는 1:1로 진행했던 강의를 점차 소규모 그룹 강의로 발전시켰습니다. 3~4명이 모여서 함께 배우니 서로에게 동기 부여도 되고, 질문도 더 다양해졌죠.

강의를 거듭할수록 더 체계적인 커리큘럼이 만들어졌습니다:

1. 블로그 시작하기 (1시간)

- 블로그 생각 정하기
- 기본 세팅과 디자인
- 카테고리 구성 전략

2. 콘텐츠 전략 세우기 (2시간)

– 수익으로 이어지는 주제 선정

– 검색 수요가 있는 키워드 찾기

– 시리즈 콘텐츠 기획법

3. 실전 글쓰기 워크숍 (2시간)

– 제목 작성 실습

– 본문 구성 연습

– 이미지 활용 방법

4. 성과 분석과 개선 (1시간)

– 통계 데이터 읽기

– 개선점 도출하기

– 다음 단계 계획 세우기

강의 5번 만에 수강생 50명, 가능할 줄 몰랐습니다

처음 한 강의가 입소문을 타면서 그룹 강의 요청이 늘어났습니다. 처음에는 3~4명씩 소규모로 진행했지만, 점차 10명 단위로 규모가 커졌습니다.

전환점이 된 것은 한 공유 오피스 운영자의 제안이었습니다. "매주 토요일 오전에 정기 강의를 해보는 건 어떨까요?" 이 제안을 받아들이면서 본격적인 변화가 시작되었습니다.

첫 정기 강의는 12명으로 시작했습니다. 주제는 '한 달 만에 블로그 방문자 100명 만들기'였죠. 매주 토요일 2시간씩, 한 달 과정으로 진행했습니다. 중요했던 것은 '실천 과제'였습니다. 매주 반드시 하나의 포스팅을 완성하도록 했고, 그다음 주에 함께 피드백을 나누었죠.

수강생들의 변화가 눈에 보이기 시작했습니다. 처음에는 하루 방문자 10명도 안 되던 블로그였는데 한 달 후에는 100명, 200명씩 방문하기 시작했습니다. 이런 성과가 SNS에 공유되면서 다음 강의 신청이 폭주했습니다.

5번째 강의를 시작할 때는 무료 강의 신청자가 100명이 넘었습니다. 온라인 라이브 줌으로도 더 많은 인원이 들어올 수 있도록 세팅했죠. 이렇게 5번의 무료 강의 이후에 연 정기 강의에는 50명이 넘는 수강생이 생겼습니다.

유료화의 첫걸음: 무료와 유료의 경계를 넘어서다

수강생이 늘어나면서 자연스럽게 온라인 커뮤니티가 만들어졌습니다. 처음에는 카카오톡 오픈 채팅방으로 시작했지만, 곧 네이버 카페로 확장했죠. 이 커뮤니티는 중요한 터닝포인트가 되었습니다.

커뮤니티에서는 수강생들끼리 서로의 블로그를 방문하고 피드백을 주고받았습니다. 각자의 성공과 실패 사례를 공유하면서 모두가 함께 성장하는 문화가 만들어졌죠. 이런 과정에서 자연스럽게 '블로그 글쓰기 챌린지'에 대한 니즈가 생겼습니다.

블로그 글쓰기 챌린지는 월 5만 원으로 시작했습니다.

포함된 혜택은:

– 주 1회 줌 미팅

– 블로그 맞춤 글 피드백

– 실시간 질문 답변

– 키워드 분석 서비스

무료 회원들에게는 기본적인 정보와 커뮤니티 참여 기회를 계속 제공하면서, 더 깊이 있는 내용과 개별화된 서비스는 유료로 전환했습니다. 이 전략이 효과적이었던 이유는 '가치의 차별화'가 명확했기 때문입니다.

지식 하나로 브랜드가 되다

커뮤니티가 성장하면서 자연스럽게 '블로그 성장 전문가'라는 브랜드가 만들어졌습니다. 이제는 제가 홍보하지 않아도 수강생들이 자발적으로 제 강의를 추천해주었습니다.

특히 의미 있었던 것은 수강생들의 성공 사례였습니다:

- 피부 블로그로 월 광고 수익 300만 원 달성

- 요리 블로그로 제품 협찬 다수

- 여행 블로그로 협찬 및 콘텐츠 제작

- 블로그로 강연 의뢰 증가

이런 성공 사례들이 쌓이면서 사이버 대학교에서 인터뷰 요청도 들어오기 시작했습니다. 처음에는 온라인에서 시작된 작은 강의였지만, 점차 많은 사람을 만날 수 있도록 범위가 확대되었죠.

"이 사람은 전문가예요!"라고 사람들이 먼저 말하기 시작했습니다

전문가로 인정받기까지의 과정은 결코 쉽지 않았습니다. 매일 새로운 블로그 트렌드를 연구하고, 알고리즘 변화를 분석하고, 실제 사례를 수집했습니다. 특히 중요하게 생각한 것은 '결과로 증명하기'였습니다.

제 블로그는 실험실이 되었습니다. 새로운 방법을 먼저 테스트하고, 효과가 검증된 것만 수강생들에게 공유했죠. 이런 과정을 통해 쌓인 노하우는 점차 업계에서도 인정받기 시작했습니다.

마케팅 에이전시를 꿈꾸는 분께서 자문을 요청해왔고, 콘텐츠 제작사에서 협업을 제안했습니다. 가장 보람 있었던 것은 수강생들의 성장이었습니다. 처음에는 블로그를 어떻게 시작해야 할지도 모르던 분들이, 이제는 각자의 분야에서 영향력 있는 블로거가 되어 있었습니다.

지금은 '블로그 전문가'를 넘어 '지식 창업 멘토'로 역할이 확장되고 있습니다. 단순히 블로그 운영 노하우를 전달하는 것을 넘어서, 어떻게 자신만의 브랜드를 만들고 수익화할 수 있는지 알려주고 있죠.

이 과정에서 깨달은 것이 있습니다. 사람들이 진정으로 원하는 것은 단순한 기술이나 팁이 아닙니다. 그들은 '변화'를 원합니다. 더 나은 삶으로 나아가기 위한 구체적인 방법을 찾고 있는 거죠.

앞으로도 이 철학을 잊지 않으려고 합니다. 단순한 지식 전달자가 아니라, 누군가의 인생에 긍정적인 변화를 만들어 내는 조력자가 되고 싶습니다.

다음 파트에서는 제가 겪었던 실패와 시행착오, 그리고 그것을 극복한 방법들을 더 자세히 들려드리도록 하겠습니다

Part 3

실패는
경험이 됩니다

지식이 있어도 판매가 안 되는 이유

처음 블로그 강의를 시작했을 때의 일입니다. 6개월 동안 열심히 블로그를 운영하면서 쌓은 노하우가 있었고, 매일 300명 이상의 방문자가 찾아오는 블로그를 만들었다는 자신감도 있었습니다. '이 정도면 충분하겠지'라는 생각으로 첫 온라인 강의를 출시했죠.

강의 준비에 모든 것을 쏟아부었습니다. 최고의 장비를 구입하고, 밤낮으로 편집했습니다. 모든 내용을 완벽하게 담으려 노력했죠. 하지만 결과는 처참했습니다. 판매량은 기대에 한참 미치지 못했습니다.

문제는 제 관점에서만 강의를 만들었다는 것이었습니다. 수강생의 입장은 전혀 고려하지 않았죠. 초보자들은 "너무 어렵다"고 했고, 중급자들은 "이미 알고 있는 내용"이라고 했습니다. 결국 누구도 만족시키지 못한 거죠.

특히 치명적이었던 것은 고객의 '페인 포인트(pain point, 마케팅, 비즈니스, 고객 경험 등의 분야에서 고객이 겪는 문제나 불편함)'를 제대로 파악하지 못한 점이었습니다. 사람들이 정말 원하는 것이 무엇인지, 어떤 문제를 해결하고 싶어 하는지 깊이 있게 고민하지 않았던 거죠. 그저 제가 아는 것을 전달하는 데만 집중했습니다.

스스로 분석한 실패의 원인은 크게 세 가지였습니다:

1. 잘못된 타깃팅

– 초보자부터 전문가까지 모두를 만족시키려다가 누구도 만족시키지 못함

– 너무 광범위한 내용으로 핵심 가치가 불명확

– 구체적인 페르소나 설정 부재

2. 부족한 신뢰도

– 개인 블로거라는 한계

– 강의 경력 부재

– 수강생 후기 없음

3. 잘못된 가격 전략

- 시장 조사 없이 책정한 가격
- 경쟁 강의들과의 차별점 부재
- 가격에 맞는 가치 제안 실패

그래서 전면적인 수정에 들어갔습니다. 먼저 수강생들과 1:1 인터뷰를 진행했습니다. 그들의 실제 고민과 어려움을 듣기 시작했죠. 놀랍게도 그들이 원하는 것은 제가 생각했던 것과는 달랐습니다.

"검색 엔진 최적화 보다는, 어떻게 글을 시작해야 할지가 더 고민이에요."
"전문적인 용어보다는 실제로 적용할 수 있는 방법을 알고 싶어요."
"너무 많은 정보 보다는, 당장 시작할 수 있는 첫걸음이 필요해요."

이런 피드백을 바탕으로 강의를 완전히 새로 만들었습니다. 복잡한 이론 대신 실전 위주로, 어려운 용어 대신 쉬운 설명으로, 많은 정보 대신 핵심적인 내용으로 바꾸었죠.

무료로 다 퍼줬더니 아무도 사지 않더라

두 번째 실패는 더 아팠습니다. '일단 많은 사람에게 도움을 주자'는 생각에 제가 아는 모든 것을 블로그에 무료로 공개했습니다. 모든 노하우, 모든 팁, 심지어 실제 수익 창출 방법까지…. 너무나 열심히 공유했죠.

공개했던 무료 콘텐츠들:

– 블로그 성장 완벽 가이드

– 상위 노출 실전 노하우

– 수익화 성공 사례 모음

– 트래픽 분석 비법

블로그 방문자 수는 폭발적으로 늘었습니다. 댓글도 수십 개씩 달렸고, 많은 분이 도움이 되었다고 연락을 주셨습니다. 그때의 뿌듯함은 아직도 잊을 수 없습니다. 하지만 문제가 생겼습니다. 유료 강의를 시작했을 때, 아무도 구매하지 않았던 겁니다. "이미 블로그에 다 있는 내용 아닌가요?"라는 반응이 대부분이었죠. 무료로 너무 많은 것을 공개한 나머지, 유료 콘텐츠의 가치를 스스로 떨어뜨린 겁니다.

이 경험을 통해 '가치의 단계화'가 필요하다는 것을 배웠습니다. 모든 것을 무료로 제공하는 것이 항상 최선은 아니었죠. 오히려 그것이 콘텐츠의 가치를 떨어뜨릴 수 있다는 것을 깨달았습니다. 무료 콘텐츠는 '맛보기'여야 했습니다. 가치 있는 정보이지만, 전체 그림의 일부만을 보여주는 것이죠. 유료 콘텐츠는 거기서 한 걸음 더 나아가, 실제 적용 방법과 심화된 내용을 다루는 방식으로 바꾸었습니다.

강의 한 번 했는데, 아무도 재수강을 안 해요

세 번째 실패는 '일회성 강의'의 한계였습니다. 첫 오프라인 강의를 시작했을 때는 순조로웠습니다. 15명 정원의 강의가 매번 마감될 정도로 인기가 있었죠. 하지만 곧 문제가 드러났습니다.

초기 강의 현황:

– 수강 인원: 회차당 12명

– 강의 가격: 1인당 20만 원

– 총수입: 월 240만 원

하지만 3개월이 지나자 신규 수강생이 급감했습니다. 기존 수강생들은 재수강을 하지 않았고, 입소문도 점차 줄어들었죠. 알고 보니 제가 만든 커리큘럼에 '성장 로드맵'이 없었던 겁니다.

초기 커리큘럼의 문제점:

1. 단순 정보 전달에 그침

2. 실전 적용 기회 부족

3. 수강생 개인별 피드백 부재

4. 목표 설정과 성과 측정 부재

수강생들은 한 번 강의를 듣고 나면 다시 찾아오지 않았습니다. 처음에는 "한 번이면 충분하겠지"라고 생각했습니다. 하지만 곧 깨달았습니다. 이것은 단순한 현상이 아니라, 제 커리큘럼이 가진 한계를 드러내는 것이었습니다. 진정한 성장은 한 번의 강의만으로 이루어지지 않습니다. 지속적인 학습과 실천, 그리고 피드백이 필요했죠. 이를 깨달은 후 '성장형 커리큘럼'을 개발했습니다.

기초반에서는 블로그의 기본을 다지고, 중급반에서는 실전 전략을 배우고, 고급반에서는 수익화와 브랜딩을 다루는 방식으로 바꾸었습니다. 단계마다 실전 과제를 포함시켰고, 수강생들의 성장을 직접 확인하고 피드백하는 시스템을 만들었습니다.

또한 수강생 커뮤니티를 만들어 서로의 경험을 공유하고 격려할 수 있는 환경을 조성했습니다. 이는 예상치 못한 긍정적인 효과를 가져왔습니다. 수강생들이 서로에게 동기 부여가 되었고, 함께 성장하는 문화가 만들어진 것이죠.

이건 잘될 줄 알았는데… 망했습니다

가장 큰 실패는 '마케팅 에이전시' 창업이었습니다. 강의가 어느 정도 궤도에 올랐을 때였죠. '이제는 더 큰 그림을 그려 보자'는 생각에 회사를 차렸습니다. 법인도 내고, 사람들도 모집하고, 거창한 계획을 세웠습니다. 블로그 컨설팅부터 콘텐츠 제작 대행, SNS 마케팅까지…. 종합 마케팅 에이전시를 꿈꿨죠.

사업 계획은 완벽해 보였습니다.

1. 블로그 컨설팅 서비스

2. 콘텐츠 제작 대행

3. SNS 마케팅 패키지

4. 온라인 강의 플랫폼

하지만 현실은 냉혹했습니다. 고정 비용은 계속 나가는데, 수익은 기대에 미치지 못했습니다. 직장도 다니면서, 세무 처리, 거래처 관리…. 저는 이런 것들을 처리할 준비가 전혀 되어 있지 않았죠.

제가 생각해 본 실패 원인은 아래와 같았습니다.

과도한 초기 투자, 경영 경험 부족, 거래처 관리 미숙, 시장 조사 부족 등등….

결국 6개월 만에 사업을 멈춰야 했습니다. 이 실패를 통해 가장 큰 교훈을 얻었습니다. 과도한 욕심이 실패의 원인이었습니다. 제가 잘하는 것, 즉 '교육'과 '콘텐츠 제작'에만 집중했어야 했는데, 욕심을 부려 능력 밖의 일까지 벌인 거죠.

실패가 준 교훈: 잘될 때까지 하다 보니 성공했습니다

이런 실패들을 겪으면서 깨달은 가장 큰 교훈은 '본질'에 충실해야 한다는 것이었습니다. 제가 진정으로 잘하는 것, 가치를 전달할 수 있는 것에 집중해야 했죠.

모든 실패 경험을 기록했습니다. 매일 밤 그날의 시도와 결과, 배운 점을 적었죠. 이 기록들이 쌓이면서 점차 패턴이 보이기 시작했습니다.

성공한 시도의 공통점은 '진정성'이었습니다. 진심으로 도움이 되고자 했던 콘텐츠, 실제 경험에서 우러나온 조언들이 가장 큰 반응을 얻었죠. 반면 수익만을 목적으로 했던 시도들은 대부분 실패했습니다. 이를 바탕으로 새로운 접근법을 만들었습니다:

1. 고객 중심의 콘텐츠

수강생들의 실제 고민과 니즈를 먼저 파악하고, 그에 맞는 해결책을 제시하는 방식으로 바꾸었습니다. 매주 수강생들과 대화 시간을 가지며 그들의 이야기에 경청했죠.

2. 단계적 성장 시스템

하루아침에 전문가가 될 수는 없습니다. 작은 성공을 맛보고, 점차 도전적인 과제로 나아가는 단계별 시스템을 구축했습니다. 단계마다 명확한 목표와 성과 측정 방법을 포함했죠.

3. 지속 가능한 모델

수익에만 집중하지 않고, 수강생들의 실제 성장과 만족도를 최우선으로 고려했습니다. 이는 결과적으로 더 많은 입소문과 추천으로 이어졌습니다.

4. 커뮤니티의 힘

혼자서는 할 수 없는 일도, 함께하면 가능해집니다. 수강생들이 서로 돕고 격려하는 커뮤니티를 만들었고, 이는 프로그램의 핵심 가치가 되었습니다.

가장 큰 변화는 저 자신의 관점이었습니다. '돈을 버는 것'에서 '가치를 전달하는 것'으로 초점이 바뀌었죠. 그러자 자연스럽게 수익도 따라왔습니다.

실패는 끝이 아닙니다. 오히려 더 나은 시작을 위한 배움의 기회입니다. 저의 모든 실패는 결국 더 나은 서비스, 더 만족스러운 고객 경험을 만드는 밑거름이 되었습니다.

이제는 실패를 두려워하지 않습니다. 실패할 때마다 더 깊이 고민하고, 더 나은 해결책을 찾았습니다.

지금 이 글을 읽고 계신 여러분들도 아마 비슷한 고민과 실패를 경험하고 계실 것입니다. 하지만 기억하세요. 실패는 성공으로 가는 과정입니다. 중요한 것은 실패에서 무엇을 배우느냐입니다.

실패해도 괜찮습니다. 처음부터 완벽할 수는 없으니까요. 중요한 것은 포기하지 않는 것입니다. 매번의 실패를 통해 조금씩 성장하다 보면, 어느새 여러분도 다른 이들에게 도움이 되는 존재가 되어 있을 것입니다.

여러분도 각자의 분야에서 전문가가 될 수 있습니다. 중요한 것은 꾸준함과 진정성입니다. 매일 조금씩이라도 성장하고, 그 과정을 진심을 다해 나누다 보면, 어느새 많은 사람에게 영감을 주는 전문가가 되어 있을 것입니다.

다음 파트에서는 이런 성공을 지속 가능한 비즈니스로 만들기 위해 어떤 시스템을 구축했는지, 그리고 그 과정에서 배운 것들을 이야기하도록 하겠습니다.

Part 4

지식 창업도
시스템이 필요합니다

무료 콘텐츠와 유료 콘텐츠의 균형 잡기

블로그 강의를 시작하고 가장 큰 고민은 '무엇을 무료로 제공하고, 무엇을 유료로 제공할 것인가'였습니다. 처음에는 단순히 '기초는 무료로, 심화는 유료로' 생각했지만, 실제로는 그렇게 단순하지 않았습니다. 한 번은 이런 일이 있었습니다. 블로그에 '네이버 상위 노출 완벽 가이드'라는 글을 올렸는데, 너무 자세히 썼나 싶을 정도로 많은 정보를 담았습니다. 당연히 반응은 폭발적으로 좋았습니다. 하지만 문제는 그다음이었죠. 블로그 상위 노출 강의를 열었는데, "이미 블로그에 다 있는 내용 아닌가요?"라는 반응이 대부분이었습니다.

반대의 경우도 있었습니다. 블로그에 너무 기본적인 내용만 올렸더니 전문성을 의심받은 거죠. "이 정도 내용이라면 굳이 강의를 들을 필요가 있을까요?"라는 질문을 받았습니다. 이런 시행착오를 거치면서 깨달은 것이 있습니다. 무료 콘텐츠는 '무엇을' 해야 하는지를 알려주고, 유료 콘텐츠는 '어떻게' 해야 하는지를 알려주는 것이 효과적이라는 점이었습니다.

예를 들어, 상위 노출에 관해 이야기할 때:

무료 콘텐츠: "제목에 키워드를 넣어야 합니다."

유료 콘텐츠: "이 업종에서는 이런 키워드를 제목의 어느 위치에 어떤 방식으로 넣어야 효과적입니다."

무료 콘텐츠: "이미지 최적화가 중요합니다."

유료 콘텐츠: "이미지 파일명은 이렇게 설정하고, 중복이미지는 이런 방식으로 알고리즘을 피해 갑니다."

이렇게 명확한 기준을 세우고 나니, 콘텐츠 제작이 한결 수월해졌습니다. 블로그에는 개념과 원칙을 설명하고, 강의에서는 구체적인 방법과 실전 노하우를 전달하는 방식으로 정리된 거죠.

매출 0원에서 매출 500만 원, 콘텐츠가 바꾼 일상

콘텐츠의 진정한 가치를 깨달은 것은 어느 날 아침이었습니다. 평소처럼 핸드폰을 확인했는데, 밤사이 세 건의 수강 신청이 들어와 있었습니다. 제가 잠든 사이에도 시스템이 자동으로 작동하고 있었던 것이죠. 이때 저는 수익이 나에게 의존하지 않는 구조를 만들었다는 사실을 실감했습니다. 하지만 처음부터 이런 일이 있었던 것은 아닙니다. 매출 0원에서 시작해, 한 단계씩 꾸준히 발전시켜 왔습니다. 그 과정을 돌아보면 이렇습니다.

첫 달, 개인 블로그와 카카오톡 상담으로 시작했습니다. 매출은 50만 원. 그마저도 5명이 "도전한다"며 구매해 준 온라인 수업이었습니다.

셋째 달, 블로그 포스팅을 체계화했습니다. 주제별로 시리즈를 만들고, 글마다 다음 단계를 명확히 제시했죠. 자연스럽게 유료 강의로 연결되는 구조를 만들었습니다. 매출 100만 원.

여섯째 달, 퍼널을 구축했습니다. 기존의 사람을 모으는 방식을 체계적으로 정리하며, 더욱 효율적인 시스템을 만들었습니다. 이때부터 진정한 Passive Income(수동적인 수입. 일상적으로 많은 시간을 투자하지 않아도 꾸준히 들어오는 소득)의 개념을 실감하기 시작했죠. 강의를 열 때마다 빠르게 마감되었고, 매번 300만 원에 가까운 수익을 창출할 수 있었습니다.

일 년째, 완전한 콘텐츠의 힘이 갖춰졌습니다. 저를 알고, 무료 강의, 유료 전환까지 모든 것이 자동으로 이루어지는 구조가 완성됐죠. 매출은 이제 안정적으로 300~500만 원 사이가 나왔습니다.

퍼널 마케팅? 계속해서 나의 팬을 만들기

지식 창업을 하면서 가장 큰 불안감은 '다음 달에도 수입이 있을까?'였습니다. 강의는 열심히 하는데, 매달 수강생을 새로 모집해야 한다는 부담이 컸죠. 마치 매달 0에서 다시 시작하는 느낌이었습니다. 이 고민을 해결하기 위해 찾은 답이 '퍼널 마케팅'이었습니다. 처음에는 망설였습니다. "저를 어떻게 알리지?", "나에게 들어온 사람들에게 매달 어떤 정보를 주지?" 이런 의문이 들었거든요.

하지만 수강생들의 니즈를 자세히 관찰하면서 깨달은 게 있었습니다. 그들이 원하는 건 단순한 '지식 전달'이 아니었어요. '지속적인 성장'과 '꾸준한 동기 부여'가 필요했던 거죠. 그래서 시작한 것이 '이메일 마케팅'이었습니다.

1. 주간 발행
– 네이버 알고리즘 변화 분석
– 인기 키워드 트렌드

– 성공 사례 분석

2. 월간 발행

– 바뀐 알고리즘의 정리

– 실전 워크숍

– 무료 전자책 및 무료 강의 안내

3. 커뮤니티 활동

– 매일 오전 피드백 타임

– 주간 목표 설정과 점검

– 멤버 간 네트워킹

4. 성과 리뷰

– 월간 블로그 분석

– 개선점 도출

– 다음 달 전략 수립

이런 이메일 마케팅이 효과적이었던 이유는 '성장의 연속성'을 제공했기 때문입니다. 한 번의 강의로는 해결할 수 없는, 지속적인 발전과 변화를 만들어 낼 수 있었죠.

수익이 커질수록 시간은 줄어듭니다

이 말을 처음 들었을 때는 반신반의했습니다. 수익이 늘어난다는 건 그만큼 일이 많아진다는 뜻 아닌가요? 하지만 실제로 경험해보니 달랐습니다.

시스템화 이전:

아침부터 밤까지 바빴습니다. 콘텐츠 제작, 강의 준비, 질문 답변, 수강생 관리…. 하루가 48시간이어도 모자랄 지경이었죠. 그런데 매출은 200만 원 정도였습니다.

시스템화 이후:

하루 3~4시간 정도의 핵심 업무만으로도 충분해졌습니다. 그런데 매출은 300만 원을 넘어섰죠.

어떻게 이런 일이 가능했을까요?

비결은 '시간의 레버리지'였습니다. 같은 시간과 노력으로 더 큰 가치를 만들어내는 방법을 찾은 거죠. 예를 들어, 예전에는 한 사람의 질문에 30분씩 답변했다면, 이제는 그 답변을 녹화해서 비슷한 고민을 가진 모두가 볼 수 있게 만들었습니다. 1:1의 가치 전달이 1:N으로 바뀐 거죠.

강의도 마찬가지입니다. 예전에는 매주 같은 내용을 반복해서 강의했지만, 이제는 한 번 만든 온라인 강의 콘텐츠가 계속해서 가치를 만들어 냅니다. 그 시간에 새로운 콘텐츠를 만들거나, 더 깊이 있는 연구를 할 수 있게 되었죠.

이런 시스템화의 결과로 얻은 가장 큰 선물은 '자유'입니다. 이제는 하고 싶은 일을 선택할 수 있는 여유가 생겼습니다. 꼭 해야 하는 일이 아니라, 하고 싶은 일을 할 수 있게 된 거죠. 예를 들어, 새로운 실험을 해볼 수 있는 여유가 생겼습니다. 수익이 걱정되어 시도하지 못했던 새로운 콘텐츠 포맷이나, 더 혁신적인 교육 방식을 시도해볼 수 있게 된 거죠.

무엇보다 중요한 것은 '삶의 질' 향상입니다. 이제는 주말에 가족과 시간을 보낼 수 있고, 저녁 시간을 온전히 나를 위해 쓸 수 있습니다. 일과 삶의 균형을 찾은 거죠. 이것이 바로 진정한 의미의 '지식 창업'이라고 생각합니다. 단순히 돈을 버는 것이 아니라, 자유롭고 풍요로운 삶을 만들어가는 것. 그리고 그 과정에서 다른 사람들에게도 가치를 전달할 수 있는 것. 이것이 제가 꿈꾸던 모습이었습니다.

다음 파트에서는 이런 시스템을 바탕으로, 어떻게 직장을 다니면서도 안정적인 부업 수입을 만들어갈 수 있는지 구체적으로 이야기해보도록 하겠습니다.

Part 5

퇴사하지 않고도
가능한 창업

저는 여전히 직장인입니다

"정말 월수입이 그 정도면 퇴사하시는 게 좋지 않을까요?"

"회사 생활이 힘들지 않으세요?"

"왜 아직도 직장을 다니시나요?"

블로그 수업하다 보면 가장 많이 받는 질문들입니다. 수강생들은 대부분 퇴사를 꿈꾸며 부업을 시작하시거든요. 하지만 저는 여전히, 그리고 앞으로도 한동안은 직장인으로 남아 있을 계획입니다. 직장과 부업을 병행하게 된 계기는 2년 전으로 거슬러 올라갑니다. 당시 회사에서 새로운 프로젝트를 맡게 되었는데, 그것이 콘텐츠 마케팅이었습니다. 처음에는 막막했지만, 하나씩 공부하고 적용하면서 점차 노하우가 쌓였죠. 그렇게 시작한 공부가 지금의 부업이 되었습니다.

회사 생활이 쉽지만은 않습니다. 아침 9시부터 저녁 6시까지 회사에서 일하고, 저녁에는 블로그 수업하거나 콘텐츠를 만듭니다. 주말에는 오프라인 강의가 잡혀 있는 경우도 많죠. 체력적으로 부담되는 것은 사실입니다. 하지만 회사에 다니면서 얻는 것들이 있습니다. 가장 큰 것은 '현장감'입니다. 제 수강생 대부분이 직장인인데, 저 역시 직장인이기 때문에 그들의 고민을 더 잘 이해할 수 있습니다. "퇴근하고 너무 피곤해서 블로그 쓸 엄두가 안 나요."라고 하면, 진심으로 공감하면서 해결책을 제시할 수 있죠.

"저도 그랬어요. 처음에는 하루에 한 문장이라도 쓰자고 시작했습니다. 퇴근길 지하철에서 휴대폰으로 메모하고, 주말에 그걸 정리해서 포스팅했죠."

이런 식의 조언이 설득력이 있는 것은, 제가 지금도 똑같은 상황을 겪고 있기 때문입니다.

또 하나의 장점은 '안정성'입니다. 고정적인 월급이 있다는 것은 큰 강점입니다. 부업 수익이 어느 정도 있다고 해도, 월급만큼 안정적이진 않거든요. 이 안정성이 있기에 부업에서 더 과감한 시도를 할 수 있었습니다.

예를 들어, 작년에는 온라인 강의 플랫폼을 새로 구축했습니다. 수백만 원이 들었지만, 월급이 있었기에 크게 부담되지 않았죠. 만약 부업 수입만 있었다면, 이런 투자를 하기가 쉽지 않았을 것입니다.

회사에서의 인간관계도 중요한 자산이 됩니다. 처음 블로그 강의를 시작했을 때, 첫 수강생들은 회사 동료들이었습니다. 그들의 피드백을 바탕으로 강의 내용을 다듬을 수 있었죠. 지금도 회사에서 만나는 다양한 사람들이 새로운 아이디어와 인사이트를 제공합니다.

퇴근 후 두 시간, 무자본 창업의 황금 시간

시간 관리는 직장인 부업의 핵심입니다. 처음에는 저도 많이 헤맸습니다. 퇴근 후에는 너무 피곤해서 아무것도 할 수 없을 것 같았거든요. 하지만 점차 노하우가 쌓이면서, 퇴근 후 2시간이 얼마나 소중한 시간인지 깨달았습니다.

제가 실제로 경험한 시행착오를 공유해드리겠습니다.

처음에는 이렇게 시도했습니다:

퇴근 직후 바로 카페에 가서 블로그 작업을 시작했죠. 하지만 이건 실패했습니다. 종일 일하고 지친 상태에서 바로 다른 일을 시작하니 효율도 떨어지고 금방 지쳤습니다.

두 번째 시도는 이랬습니다:

집에 와서 잠깐 쉬고 시작하자고 했죠. 그런데 이것도 문제가 있었습니다. '잠깐'이 어느새 2~3시간이 되어버리고, 결국 아무것도 못 하고 잠들어버리는 경우가 많았습니다.

여러 번의 시행착오 끝에 찾은 황금 공식은 이렇습니다:

퇴근 직후 (7시~8시)

- 첫 10분: 가벼운 스트레칭

- 20분: 간단한 샤워로 리프레시

- 30분: 가벼운 식사와 함께 일과 정리

이 시간이 중요한 이유는 '전환의 시간'이기 때문입니다. 회사의 업무 모드에서 자기 일을 하는 모드로 전환하는 시간이죠.

골든타임 (8시~10시)

- 8시~9시: 집중 작업 시간

• 블로그 포스팅 작성

• 강의 자료 준비

• 새로운 콘텐츠 기획

– 9시~10시: 커뮤니케이션 시간

• 수강생 질문 답변

• 커뮤니티 관리

• 다음 날 일정 체크

이 시간을 지키기 위한 저만의 규칙들이 있습니다:

1. 휴대폰 알림 끄기

– 카카오톡, 문자 등 모든 알림을 무음 처리

– 정말 급한 연락은 2번 연속 전화가 오면 받는 것으로 규칙 설정

2. 작업 공간 분리

– 침실과 작업 공간을 철저히 분리

– 작업 시작 전 물, 간식 등 필요한 것들 미리 준비

3. 뽀모도로 기법 활용

– 25분 집중, 5분 휴식의 반복

– 2시간 동안 4번의 집중 시간 확보

– 휴식 시간에는 반드시 자리에서 일어나 움직이기

– 집중이 안 될 때는 1번의 타임은 산책하기

4. 하루 목표 명확히 하기

– 전날 밤에 다음 날 할 일 미리 정하기

– 2시간 동안 달성 가능한 수준으로 목표 설정

– 목표 달성하면 바로 마무리하고 휴식

주말은 조금 다르게 운영합니다. 토요일 오전에 3~4시간 정도를 투자해서 한 주의 콘텐츠를 미리 준비합니다. 일요일은 온전히 휴식에 할애하죠.

직장 다니면서도 강의를… 저도 가능했어요

처음 강의 요청을 받았을 때의 기억이 생생합니다. 퇴근길에 한 통의 메시지를 받았죠.

"선생님 강의해 주실 수 있나요?"

솔직히 말씀드리면, 처음에는 거절하려고 했습니다. 직장인이 어떻게 강의까지 할 수 있을까 싶었거든요. 게다가 저는 특별한 자격증도 없는데다 그저 제가 경험한 것들을 블로그에 기록했을 뿐인데…. 과연 내가 강의할 자격이 있을까 하는 걱정도 들었습니다. 하지만 그날 밤, 제 블로그 통계를 들여다보며 생각이 바뀌었습니다. 수천 명이 제 글을 읽고 있었고, 댓글로 도움이 되었다고 이야기해 주시는 분들도 많았거든요. '이렇게 많은 분께 도움이 되는 내용이

라면, 강의로도 충분히 가치를 전달할 수 있지 않을까?'

첫 강의는 토요일 오전에 진행했습니다. 장소는 상주 오피스 회의실이었고, 수강생은 총 열 명이었죠. 다들 직장인들이었고, 블로그로 상위 노출 글을 만들어보고 싶다는 공통된 목표가 있었습니다. 강의 전날, 거의 밤을 새우다시피 하며 자료를 준비했습니다. PPT는 수십 번을 수정했고, 말하고 싶은 내용은 A4용지에 빼곡히 적었죠. 너무 긴장한 나머지, 새벽 세 시가 넘어서야 겨우 잠들 수 있었습니다.

그런데 실제 강의는 제 걱정과는 전혀 달랐습니다. 오히려 직장인이기에 더 공감대가 형성되었죠.

**"저도 처음에는 퇴근하고 너무 피곤해서 블로그 쓸 엄두도 안 났어요.
그래서 찾은 방법이…."**
"팀장님 몰래 점심시간에 글감을 메모해 두는 팁을 알려드릴게요."
"보고서 쓰는 스킬을 블로그에 그대로 적용하면 이렇게 되는 거죠."

이런 식의 실전 팁들이 수강생들에게 더 와닿았던 것 같습니다. 책이나 인터넷에서는 찾을 수 없는, 현직자만이 알 수 있는 노하우였으니까요.

강의가 끝나고 받은 첫 피드백을 잊을 수 없습니다.

"선생님도 직장인이시라 더 믿음이 가요. 우리가 겪는 어려움을 진짜 이해하시는 것 같아서…."

이런 반응에 용기를 얻어 조금씩 강의를 늘려갔습니다. 물론 쉽지는 않았습니다. 월요일부터 금요일까지는 회사에서 열심히 일하고, 주말에는 강의하는 생활이 반복되었죠. 체력적으로 부담이 되기도 했고, 가끔은 번아웃이 올 것 같다는 생각도 들었습니다. 하지만 이런 어려움을 극복하는 데 도움이 된 것은 바로 '시스템화'였습니다. 강의하면서 겪은 모든 시행착오를 기록하고, 그것을 바탕으로 효율적인 시스템을 만들어갔습니다.

예를 들어, 강의 자료는 모듈화해서 준비했습니다. 블로그 기초, 콘텐츠 기획, 수익화 전략 등 주제별로 자료를 만들어두고, 수강생의 니즈에 따라 조합하는 방식이었죠. 이렇게 하니 매번 새로 자료를 만들 필요가 없었고, 오히려 퀄리티는 더 높아졌습니다. 질문 응대도 시스템화했습니다. 자주 나오는 질문들을 데이터베이스화하고, 카테고리별로 정리해 두었죠. 이렇게 하니 비슷한 질문이 나왔을 때 더 빠르고 정확하게 답변할 수 있었습니다.

특히 도움이 된 것은 '미리 준비하는 습관'이었습니다. 강의 전날 급하게 준비하면 늘 실수가 있었거든요. 그래서 적어도 일주일 전부터 준비하는 것을 원칙으로 삼았습니다.

> 월요일: 다음 주 강의 주제 확정
>
> 화요일: 강의 자료 초안 작성
>
> 수요일: 보조 자료 준비
>
> 목요일: 전체 내용 점검
>
> 금요일: 최종 리허설

이런 식으로 계획을 세워 두니, 갑자기 회사 일이 바빠져도 강의 준비에 차질이 없었습니다.

또 하나 중요했던 것은 '경계 짓기'였습니다. 회사 일과 강의 일을 철저히 분리했죠. 회사에서는 오직 회사 일에만 집중하고, 강의 준비는 반드시 퇴근 후에만 하는 식으로요. 이렇게 하니 오히려 두 가지 일 모두 효율적으로 할 수 있었습니다. 물론 지금도 완벽하지는 않습니다. 가끔은 회사 일이 너무 바빠서 강의 준비가 부족할 때도 있고, 반대로 강의 때문에 회사 일에 집중하기 어려울 때도 있습니다. 하지만 이제는 그런 상황을 어떻게 다뤄야 할지 알게 되었죠.

예를 들어, 회사가 특별히 바쁜 시기에는 미리 수강생들에게 알리고 강의 일정을 조정합니다. 반대로 강의가 중요한 시기에는 회사에서 야근이 필요하지 않도록 업무를 미리미리 처리해 두죠. 지금 돌이켜보면, 직장인의 신분으로 강의한다는 것이 오히려 강점이 되었다고 생각합니다. 현장에 있기 때문에 알 수 있는 이야기들, 실제로 겪어봤기 때문에 할 수 있는 조언들…. 이런 것들이 수강생들에게 더 실질적인 도움이 되었으니까요.

그리고 무엇보다, 강의를 통해 저 자신도 많이 성장했습니다. 남을 가르치기 위해 더 깊이 공부하게 되었고, 제 경험을 정리하고 전달하는 과정에서 새로운 인사이트를 얻을 수 있었죠.

강의는 지식 창업의 핵심이지만, 직장인으로서 강의한다는 것은 여러모로 도전이었습니다. 시간 조율도 어려웠고, 회사에 눈치가 보이기도 했죠. 그래서 처음에는 '과연 가능할까?'하는 의구심이 들었습니다.

강의 운영에 있어서는 이런 원칙들을 세웠습니다.

1. 시간 관리의 철칙

– 평일 강의는 저녁 8시 이후로만 진행

– 한 번에 2시간을 넘기지 않음

– 주중 강의는 주 2회로 제한

– 큰 규모의 강의는 주말만 진행

2. 강의 형태의 다각화

– 1:1 맞춤형 컨설팅 (평일 저녁)

– 소규모 그룹 강의 (주말 오전)

– 온라인 라이브 강의 (격주 저녁)

– 기업 출강 (연차 사용)

3. 체력 관리를 위한 규칙

– 강의 전날은 일찍 취침

– 강의 당일은 가벼운 운동으로 컨디션 조절

– 주말 하루는 반드시 완전 휴식

– 한 달에 한 번은 재충전을 위한 휴식 주간

특히 효과적이었던 것은 '온라인&오프라인 강의' 방식이었습니다. 기본적인 내용은 온라인 강의로 먼저 학습하게 하고, 오프라인에서는 실습과 피드백에 집중하는 방식이죠. 이렇게 하니 강의 시간을 효율적으로 활용할 수 있었고, 수강생들의 만족도도 높았습니다.

한 가지 특별히 신경 쓴 것이 있습니다. 바로 '정시 퇴근'입니다. 강의가 있는 날은 어떻게든 정시에 퇴근해야 했기에, 업무 효율이 오히려 더 높아졌습니다. 할 일을 미리미리 처리하고, 불필요한 회의는 줄이고, 업무 자동화도 적극적으로 도입했죠.

직장인으로서 강의한다는 것이 처음에는 큰 도전이었습니다. 시간 조율도 어려웠고, 체력적으로도 부담이 되었죠. 하지만 점차 노하우가 생겼습니다.

첫째, 온라인 중심의 강의 구조를 만들었습니다. 기본적인 내용은 모두 온라인 강의로 진행하고, 실제 만남은 특별한 경우에만 진행했죠.

둘째, 오프라인 강의는 주말을 활용했습니다. 한 달에 한 번 정도의 오프라인 강의를 토요일 오후에 배치했습니다. 이렇게 하니 체력 관리도 수월했고, 수강생들도 더 편하게 참여할 수 있었죠.

셋째, '시스템'을 최대한 활용했습니다. 반복적인 업무는 자동화하고, 자주 하는 답변은 템플릿화했죠. 이런 시스템 덕분에 제한된 시간을 더 효율적으로 쓸 수 있었습니다.

직장은 안정, 지식 창업은 성장

많은 분이 '직장이냐 창업이냐'를 두고 고민합니다. 마치 둘 중 하나만 선택해야 하는 것처럼요. 저도 처음에는 그런 생각이었습니다. 하지만 3년간 두 가지 일을 병행하면서 깨달은 것이 있습니다. 선택의 문제가 아니라 시너지의 문제라는 것입니다. 처음 블로그를 시작했을 때는 단순히 저의 지식을 기록하기 위해서였습니다. 책을 쓰면서 제 책을 마케팅해야 했는데, 아무것도 모르는 상태였거든요. 그래서 공부를 시작했고, 배운 것들을 실천하면서 기록했죠.

그런데 재미있는 일이 일어났습니다. 블로그 운영 노하우를 공유하다 보니, 제 입지가 달라지기 시작한 거예요. 온라인에서 도움이 되었다는 말이 많았고, 사람들에게 제 지식을 알려주면서 제 2의 시간이 즐거웠습니다. 동시에 회사 생활이 더욱 즐거워졌습니다. 전에는 그저 주어진 일만 하던 직원이었다면, 이제는 제가 가진 노하우로 인정받는 '전문가'가 된 거죠. 연말 인사 평가에서도 좋은 평가를 받을 수 있었고, 그 결과 승진도 할 수 있었습니다.

반대로 회사 생활은 제 부업에 든든한 기반이 되어주었습니다. 안정적인 월급이 있었기에 무리하게 수익화를 하지 않아도 되었고, 더 양질의 콘텐츠를 만들 수 있었습니다. 당장의 수익보다는 장기적인 가치에 집중할 수 있었죠. 회사에서의 경험도 큰 자산이 되었습니다. 기획서 작성, 프레젠테이션 스킬, 커뮤니케이션 능력… 이런 것들이 강의할 때 굉장히 유용했습니다. 회사에서 배운 체계적인 업무수행 방식은 제 부업을 시스템화하는 데도 큰 도움이 되었고요.

특히 회사의 네트워크가 큰 도움이 되었습니다. 처음 강의를 시작했을 때, 가장 어려웠던 것은 수강생 모집이었는데요. 그때 회사 대표님이 먼저 나서서 도와주었습니다. 자신들의 지인들에게 제 강의를 소개해주었고, 그렇게 입소문이 나기 시작했죠. 회사의 규모가 작은 것도 장점이 되었습니다. 모든 사람과 협업하면서, 각기 다른 관점에서 블로그를 바라보는 법을 배웠거든요. 디자이너에게는 시각적 구성을, 마케터에게는 후킹 방법을, 교육팀에게는 고객 심리를… 이런 다양한 인사이트들이 제 콘텐츠를 더욱 풍성하게 만들었습니다.

물론 쉽지만은 않았습니다. 회사 일도 바쁜데 부업까지 하려니 체력적으로 힘들 때가 많았죠. 특히 회사에서 큰 프로젝트가 있을 때는 정말 힘들었습니다. 밤늦게까지 야근하고 나면 강의 준비할 여력이 없었거든요. 하지만 이런 상황도 나름의 해결책을 찾았습니다. 회사가 바쁠 때는 강의 일정을 줄이고, 회사가 한가할 때 더 많은 강의를 잡는 식으로요. 수강생들에게도 미리 이야기해두었습니다.

"저도 직장인이라 회사 일이 바쁠 때는 강의 일정이 조정될 수 있습니다. 하지만 그만큼 더 알찬 내용으로 보답하겠습니다."

오히려 이런 솔직한 태도가 수강생들에게 더 신뢰를 주었던 것 같습니다. 그들도 대부분 직장인이다 보니, 제 상황을 충분히 이해해 주었거든요. 지금은 오히려 이런 생각이 듭니다. 만약 제가 회사에 다니지 않았다면, 과연 지금처럼 수강생들의 마음을 이해할 수 있었을까? 직장인의 고충을 이해하고, 그들의 눈높이에 맞는 해결책을 제시할 수 있었을까?

회사 생활이 주는 또 하나의 큰 장점은 '환기'입니다. 종일 부업에만 매달리다 보면 자칫 시야가 좁아질 수 있는데, 회사에서 다양한 사람들을 만나고 새로운 일을 경험하면서 시야가 넓어지는 것을 느낍니다. 예를 들어, 최근에 회사에서 새로운 마케팅 전략을 기획하면서 배운 내용들이 제 블로그 강의에도 큰 도움이 되었습니다. 회사에서 실제로 적용해보고 효과가 검증된 방법들이니, 수강생들에게도 더 확실한 노하우를 전달할 수 있었죠.

많은 분이 '직장이냐 창업이냐'를 선택의 문제로 생각합니다. 하지만 꼭 그럴 필요는 없습니다. 두 가지를 잘 조화시키면 오히려 시너지가 날 수 있습니다. 직장은 제게 '안정'을 줍니다. 꾸준한 수입, 의료 보험, 퇴직금 같은 기본적인 보장이 있죠. 이런 안정감이 있기에 지식 창업에서 더 과감한 시도를 할 수 있었습니다.

반면 지식 창업은 '성장'을 가져다줍니다. 새로운 도전, 배움의 기회, 그리고 추가적인 수입까지. 이는 직장생활에도 긍정적인 영향을 미칩니다. 예를 들어, 블로그 운영과 강의를 통해 배운 커뮤니케이션 스킬이 회사에서도 큰 도움이 되었습니다. 프레젠테이션 능력이 향상되었고, 온라인 마케팅 지식은 업무에도 활용할 수 있었죠.

이런 경험을 통해 깨달은 것이 있습니다. '직장이냐 창업이냐'는 잘못된 고민이라는 거예요. 중요한 것은 '어떻게 하면 두 가지를 잘 조화시켜서 시너지를 낼 수 있을까'입니다.

내년 목표는 퇴사가 아니라, 선택 가능한 삶입니다

많은 분이 제게 물어보십니다.

"언제 퇴사하실 건가요?"
"월 수입이 그 정도면 회사 그만두셔도 될 것 같은데요?"

하지만 저의 목표는 '퇴사'가 아닙니다. '선택할 수 있는 자유'를 갖는 것이 제 목표입니다. 회사에 다니고 싶어서 다니는 것과, 다닐 수밖에 없어서 다니는 것은 완전히 다르니까요. 3년 전, 블로그를 처음 시작했을 때를 떠올려 봅니다. 당시 저는 회사에 매여 있다고 생각했습니다. 월급이 필요했고, 직장이 주는 안정감이 필요했기 때문에 어쩔 수 없이 다니는 거라고 생각했죠.

그런데 지금은 다릅니다. 회사에 다니는 것은 제 선택입니다. 부업으로 월 300~500만 원의 수입이 생기면서, 경제적으로 어느 정도 여유가 생겼거든요. 하지만 저는 여전히 회사에 다닙니다. 그것이 제게 더 많은 가치를 주기 때문입니다. 회사는 제게 단순한 월급 이상의 것을 줍니다. 새로운 경험, 다양한 인맥, 전문성 향상의 기회…. 이런 것들이 제 부업을 더욱 풍성하게 만들어주고 있습니다.

예를 들어, 최근에 회사에서 새로운 디지털 마케팅 툴을 도입했는데, 이를 배우면서 얻은 인사이트가 제 블로그 강의에도 큰 도움이 되었습니다. 수강생들에게 최신 트렌드를 전달할 수 있었고, 강의의 가치를 더욱 높여주었죠. 물론 지금의 상황이 완벽하다고는 말할 수 없습니다. 여전히 체력적으로 힘들 때도 있고, 시간 관리에 어려움을 느낄 때도 있습니다. 하지만 이제는 이런 상황을 두려워하지 않습니다. 왜냐하면 '선택할 수 있는 자유'가 있기 때문입니다. 만약 회사가 너무 힘들어지면 잠시 쉴 수도 있고, 부업이 너무 벅차면 잠시 줄일 수도 있습니다. 이런 선택의 자유가 있다는 것 자체가 큰 심리적 안정감을 줍니다.

앞으로의 계획도 마찬가지입니다. 많은 분이 "언제 퇴사할 거예요?"라고 물어보시지만, 저는 서두르지 않으려고 합니다. 대신 다른 몇 가지 목표를 세웠습니다.

첫째, 더 탄탄한 시스템을 만들고 싶습니다.

지금의 수입이 앞으로도 꾸준히 이어질 수 있도록, 더 안정적인 비즈니스 모델을 구축하는 것이 목표입니다. 수강생들의 성공 사례를 더 많이 만들고, 그들이 다시 새로운 수강생을 소개해주는 선순환 구조를 만들고 싶습니다.

둘째, 더 많은 사람에게 도움이 되고 싶습니다.

단순히 수익을 늘리는 것이 아니라, 진정한 가치를 전달할 수 있는 콘텐츠와 서비스를 만들어가고 싶습니다. 특히 직장인들이 경제적 자유를 얻을 수 있는 현실적인 방법을 더 많이 연구하고 공유하려고 합니다.

셋째, 일과 삶의 균형을 더 잘 맞추고 싶습니다.

지금도 나쁘지 않지만, 더 여유롭고 풍요로운 삶을 살고 싶습니다. 가족과 함께하는 시간도 더 늘리고, 취미 생활도 좀 더 즐기고 싶어요. 회사 일과 부업이 이런 삶을 방해하는 것이 아니라, 오히려 돕는 역할을 했으면 합니다.

마지막으로, 이 책을 읽고 계신 여러분께 꼭 드리고 싶은 말씀이 있습니다.

"무작정 퇴사를 목표로 하지 마세요. 퇴사는 결과이지 목표가 아닙니다."

중요한 것은 여러분이 진정으로 원하는 삶이 무엇인지 찾는 것입니다. 그리고 그것을 이루기 위한 현실적인 계획을 세우고, 한 걸음씩 나아가는 것이죠. 저처럼 직장을 다니면서도 충분히 꿈을 향해 나아갈 수 있습니다. 꿈을 향해 나아가는 긴 여정에 지식 창업은 훌륭한 선택이 될 수 있습니다. 당장 큰 자본이나 위험을 감수하지 않고도 시작할 수 있고, 직장생활과 병행하면서 차근차근 성장시켜 나갈 수 있으니까요.

직장이 주는 안정감을 기반으로, 여러분만의 작은 도전을 시작해 보세요. 처음부터 완벽할 필요는 없습니다. 저도 처음에는 서툴렀고, 실수도 많이 했습니다. 하지만 한 걸음씩 나아가다 보니, 어느새 이렇게 성장해 있더라고요.

여러분도 할 수 있습니다. 지금 당장 시작하세요. 작은 것부터 시작해도 좋습니다. 중요한 것은 시작하는 것입니다. 그리고 그 과정에서 겪게 될 어려움과 도전은, 결국 여러분을 더 단단하게 만들어 줄 것입니다.

여러분의 도전을 응원합니다. 이 책이 여러분의 새로운 도전에 작은 도움이 되길 바랍니다.

**직장은 싫지만
퇴사는 무서운 당신에게**

ⓒ긍정필터, 최행부, 떵이자까, 로하우

초판 1쇄 발행 | 2025년 3월 14일

지은이 | 긍정필터, 최행부, 떵이자까, 로하우
편집인 | 김진호
디자인 | 김윤남디자인
마케팅 | 타이탄북스

펴낸곳 | 타이탄북스
ISBN | 979-11-94600-05-3 (03320)

이메일 | titanclassbook@gmail.com